中国这么美的
30个
自治州

U0816142

带一本书去甘孜

王朝书 著
冯光福 摄

中国民族文化出版社
北京

康定红海子

目录 | CONTENTS

CHAPTER 09

川西露营界的天花板：荷花海

CHAPTER 10

中国独一无二的糜棱岩石林：墨石公园

CHAPTER 11

360 度雪山观景平台：鱼子西

CHAPTER 12

在自驾中领略“圣洁甘孜”的大美

CHAPTER 13

甘孜州的名寨

CHAPTER 14

甘孜州的历史遗迹

CHAPTER 15

甘孜州的多元文化

CHAPTER 16

甘孜州的珍馐佳肴

CHAPTER 17

甘孜州的富饶物产

后记

CHAPTER 01

甘孜州，一生一定要走一次

牛背山云海

甘孜藏族自治州，这个名字你或许未曾听说过，更不知晓其在什么地方。那么，你或许听说过《康定情歌》，甘孜藏族自治州即《康定情歌》的故乡。

1950年11月，“西康省藏族自治区”正式建立。1955年3月，“西康省藏族自治区”更名为“西康省藏族自治州”。1955年10月，正式并入四川省，自治州随之更名为“甘孜藏族自治州”，并延续至今。2015年，国务院批准撤销康定县，设立县级康定市，以作为甘孜藏族自治州首府。

甘孜藏族自治州，简称甘孜州。这是一方古老而又年轻的土地。古老，是因20万年前，人类即在此活动，并遗留下代表古人类智慧的石斧。这些石斧，让长达半个多世纪的“莫维斯线”论战画上句号，也让“东方文化不如西方文化”的说法不攻自破。年轻，是因这里地处高原，人们没有对其充分开发，至今这里不少地方仍是处女地。

甘孜州地处川、滇、藏、青交界处。过往岁月里，南来北往的民族迁徙至此，茶马古道的中枢由此经过。伴随着民族迁徙的步伐和茶马古道上的铜铃声，各族群众在此交流融合，并自在生活。人们在这片土地上，共同书写着精彩华章。世界最长史诗《格萨尔》在此诞生，世界桥梁和见证军事奇迹的泸定桥在此铸造，《康定情歌》更是唱响国际。

灿烂的文化是这方土地的特色，而高原和大横断更为这方土地孕育了世间奇景。青藏高原最大的古冰体遗迹海子山、中国最美冰川海螺沟、中国最美名山贡嘎山和稻城亚丁雪山汇聚于此。自然和人文强强组合，让甘孜州成为一生一定要走一次的地方。

高原和大横断的极致造物

来到甘孜州，就进入了一片广阔天地。这里虽为自治州，总面积却逾 14.97 万平方千米。这片广袤的土地上生活着汉、藏、彝、羌、苗、回、蒙古、土家等民族，其中，藏族群众数量最多。各族群众以大范围聚居、小范围杂居的方式分布于全州的 18 个县（市）。318 国道和 317 国道分别从甘孜州的南部和北部穿过。

甘孜，藏语里是“洁白美丽”的意思。这里有着丰富的水热资源，有着数不胜数的珍稀动物，有着天麻、虫草、贝母、当

折多山风光

归、黄芪等珍贵中药材，还有着种类丰富的矿产资源。其中，最为著名的就是锂资源了。康定市、雅江县、道孚县三地的交界处存在着一个甲基卡锂辉石矿区，这个矿区已经探明的资源储量高达 188.77 万吨，有着十分高的开采价值。甘孜州将借此打造“中国锂都”的称号。

这些社会经济因素，是大横断山脉赐予甘孜州的财富之一。甘孜州地处中国第一阶梯向第二阶梯云贵高原和四川盆地过渡地带，平均海拔 3500 米，属横断山系北段川西高山高原区。横断山系不仅拥有丰富的矿产资源、生物资源、水能资源，更造就了甘孜州地势高亢、北高南低、中部突起、东南缘深切的地貌特征，由此形成了甘孜州独有的景致。

康定雅哈垭口瀑布

过去，一句“二呀嘛二郎山，高呀嘛高万丈”唱出了甘孜州山的高，也唱出了进入甘孜州的难。然而，随着二郎山隧道的贯通，雅康高速公路的建成以及康定机场、亚丁机场、格萨尔机场三大机场的落地，天堑变通途，高原的真容逐渐被世人所知。

当乘车或乘飞机来到甘孜州时，头顶的天空一下就高了。在大陆性高原山地型季风气候下，空气中的湿度不像平原地区那样大，阳光的穿透力更为强烈，天空也由此变高，人在天地间也舒展开来。当脚步踏上这片土地时，心灵仿佛飞跃起来，在天地间自由翱翔。

来到甘孜州，会发现这里的高山、草原、河流都是造物主的大手笔“制作”。如人们耳熟能详的贡嘎山、雅拉雪山、格聂神山、稻城“三怙主”神山，都以大气磅礴之姿矗立在天地间。壮阔，是人们能想到的一个恰如其分的词语。在这里，心中的块垒会不由自主地消散，心胸会在不经意间开阔起来。

来到甘孜州，心灵还会被净化。圣洁，是高原内在的气质。在这里，大自然会显露出平原地区难得的神性样貌，如“日照金山”。当晨曦或夕阳西下时，太阳的光芒照在雪山上，金灿灿的雪山仿佛成为通向天空的天梯，此时，人们会不由自主地膜拜。而千百年来，生活在这里的各族群众始终对自然深深敬畏。由此，形成独特的人文景观，如朝拜神山、圣湖，在巨石上雕刻经文、佛像等。

大横断，造就了中国最美景观大道“318”上的奇景。至2025年3月，甘孜州拥有国家5A级旅游景区2处、国家4A级旅游景区30处、国家3A级旅游景区83处。A级旅游景区总量位居四川省第一，共 115 个。蜀山之王贡嘎山、稻城亚丁、“摄影家的天堂”新都桥、川西最大高山湖泊木格措、世界高城理塘、香格里拉之魂措普湖……这些极致自然景观，单独一项都足以傲立世间，然而，甘孜州却拥有众多。2005 年，《中国国家地理》杂志联合全国 30 多家主流媒体开展了轰动全国的“中国最美的地方”评选活动，甘孜州一骑绝尘，丹巴甲居藏寨登上“中国最美乡村古镇”之首，贡嘎山、稻城亚丁雪山入选“中国最美的名山”，海螺沟冰川入选“中国最美的冰川”，川西高原草原则被评为“中国最美的草原”。2014 年，《中国国家地理》发布的《发现四川：100 个最美观景拍摄地》，甘孜州即占据 15 个。

甘孜州众多的美景还在不断发掘中，如近年来，网友们自行发现的 360 度雪山观景平台鱼子西。甘孜州就像是一个大大的聚宝盆，等待着人们来探宝。

茶马古道上的动人故事

其实，到甘孜州来探宝，清朝时期即已成为潮流。

明末，汉族地区人民为避兵祸，纷纷渡过大渡河，来到康定设市贸易。清朝初年，随着清政府在康定建城，并派驻官员在此设关监督征税及贸易，商贾逐渐在此聚集。

那时，内地货物除边茶为大宗外，还有绸缎、烟草、粮食等。这些商品，随着马帮的清脆铜铃声去到拉萨，甚至尼泊尔、印度。而藏族地区的土畜特产，麝香、鹿茸、虫草、贝母等诸多药材，及羊毛、贵重皮张、黄金等，由藏商运抵康定，再由康定运至成都、西安，甚至上海。因此，茶马古道可以说是 318 国道的前身。

那时，汉商来自陕、晋、川、滇诸省，有坐商也有行商。其中，尤以陕西商人来康定最早，人数最多，资金雄厚，在城内有商号七八十家，店铺鳞次栉比，形成一条街，称“老陕街”。极盛时，其中的布匹店铺、专营皮货麝香的店铺，拥有白银数十万两，店员数十人。当时还产生了一个行业，缝茶业。过去，茶叶从雅安“背”到康定后，还要继续运往西藏各地，运输方式就由人背改为由牛马驮运。只是雅安藏茶的外包装为竹篾条，如果直接捆扎在牛马背上，不断的摩擦会刺破牲口皮肤。为便于长途运输，商家或运茶人就以牛皮或其他牲口的皮包裹在竹篾茶包的外面，这样既能保护牲口，又可减少日晒雨淋对茶叶的影响，起到一定的防护作用。天长日久，就催生出一个独立于锅庄之外的手工业——缝茶业，也吸引了来自汉藏地区的贫民或逃荒、乞讨、避难到康定的人投身其中。各族人民为茶马古道的繁荣作出了贡献。

那时，因贸易康定城产生了集住宿、交易于一体的锅庄。过去，藏商到康定贸易，习惯找一个地方扯起帐篷、埋起锅庄造膳。慢慢地，人们开始在这个地方建造房屋，一则用作贸易场所，二则作为明正土司差务供应的地方，然后这些建筑逐渐被称为“锅庄”。最初的锅庄只有四家，即瓦斯碉、大园坝、铁门坎及木家锅庄。由于获利较容易，大量藏商涌至此地，锅庄也随之发展，遍及南北城门一带。至 1950 年康定和平解放前，康定先

康巴美女

康巴汉子

后共有 74 家锅庄。

锅庄还产生了别有风情的“阿佳”。阿佳是锅庄的女主人。边茶贸易初兴时，锅庄的男主人主要精力在于侍奉当地土司，女主人就被推向经营管理的前台。在康定的许多锅庄里，都是阿佳们掌控着汉商藏商的交易决定权。在这里，女人和男人一样操持家里家外的事务。这些精明强干的阿佳们，撑起了康定锅庄的一片天地和百年盛景。

茶马古道，不仅是一条商贸之道，更是民族交融之道。不同文化背景的各族人民在这条古道上，交流融合，最终创造了厚重多元的文化。

秋日藏寨

多民族融合下的大爱天地

社会学家费孝通先生认为，康定是我国民族走廊的一个中心地带。古朴和善的各族人民在此相依相存，繁衍生息，共建家园。

走在康定街上可以看到，距离清真寺不到 100 米的地方，就是天主教堂；而距离天主教堂约 150 米的地方，是已有 300 多年历史的藏传佛教寺庙——安觉寺。如此独特的景观，正是康定多元文化并存的见证。

在康定，人们会感到，很多东西都是你中有我、我中有你。如饮食方面，康定人最爱的早餐三件套——酥油茶、锅盔、凉粉，就是藏族人民、陕西人民、川北人民餐饮的结合。而春节，尤为体现各民族融合。春节期间，康定会举行文艺表演。这时，能看到汉族地区传统的龙灯、狮灯、跑旱船等表演，其中陕西人民喜爱的闹山鼓，节奏鲜明，铿锵有力，让全城人民都感受到春的力量。大年初一，康定的各族人民都会到康定城中心山泉水涌出的地方水井子，抢第一桶水。在这里，各民族通婚是常态。如此，你中有我我中有你，正是世界情歌之都康定的底色，也是甘孜州的底色。

来到康定，会有一种松弛感。这正是康定人彼此间相互包容所致。而这种包容，在甘孜州的广袤天地处处都能见到，如巴塘县的团结包子。1950 年初，十八军奉命进藏。为欢迎解放军，巴塘群众打开城门，妇女们自发组织起来，按照巴塘人爱吃蒸肉和用蒸肉包子来宴请尊贵客人的习俗，买来排骨、肥肉、面粉、玉米粉、土豆、葱、蒜、姜、花椒、豆瓣、八角等材料，用面做皮，包成大圆形或五角形的大包子迎接十八军将士。包子做得特别大，一个蒸笼一个。一个大包子可供一个班的人吃一顿。为了表达汉藏团结、军民团结和各民族大团结的情意，当地人将包子取名为“团结包子”。

团结包子是这片土地上汉藏人民饮食交融的代表之一，而德格印经院、稻城自麦经堂则是这片土地上人民信仰互相包容的典型代表。德格印经院的创始人虽信奉红教，但他并不排斥其他教派的经典，而是兼收并蓄，如此，让印经院有了门类齐全、品种丰富的藏书。稻城县自麦村的自麦经堂，由当地自麦家族所建，距今已有400多年历史。自麦家在历史上曾同时出现过黄教（格

东俄洛村秋色

鲁派）和花教（萨迦派）两个不同教派的活佛。因此，经堂内供奉着两个教派的祖师和神佛。在这片土地上，人们不被教条所束缚，一切以人民幸福为重。第五世格达活佛和朱德总司令的故事，尤其被人称道。

1936 年春，红军长征来到藏族聚居区。国民党反动派为阻挠红军北上，对共产党和红军大肆造谣污蔑，通告藏族聚居区群众，不准他们给红军提供粮草，严禁帮助红军，企图置红军于绝境。然而，当红军到达甘孜，第五世格达活佛亲眼见到红军队伍的行为后，他判断这是一支能够为人民带来幸福的队伍，决心亲近红军。他以自己特殊的身份，不仅带动当地群众为红军筹粮、

康定市泉华滩

支援红军，还大力向群众宣传党和军队的政策主张。在他的带动下，不少藏族同胞打消了疑虑，返回家园为红军做翻译、当向导、救护伤员等，为革命事业作出了贡献。第五世格达活佛支持红军的行为受到了红军高层的关注，朱德总司令亲自到白利寺看望这位开明的佛教界人士。经过数次亲密交谈，第五世格达活佛坚定了相信共产党、永远支持革命的决心，并与红军结下了深厚情谊。第五世格达活佛和朱德总司令的故事，感染着当地群众。这些故事，让人为这片土地上群众胸怀的大义而深深感动。甘孜州就是一片大爱的世界，而这也是甘孜州的神奇魅力之一。

CHAPTER 02

甘孜州的县市

霞光里的帐篷城

甘孜州共18个县（市），分别是康定、泸定、九龙、雅江、理塘、稻城、巴塘、道孚、炉霍、甘孜、白玉、德格、石渠、丹巴、乡城、得荣、新龙、色达。这18个县(市)，通常分为康南、康北、康东三部分。康定、泸定、九龙、丹巴为康东地区，雅江、理塘、稻城、乡城、巴塘、得荣为康南地区，道孚、炉霍、甘孜、白玉、德格、新龙、色达、石渠为康北地区。康东、康南、康北，三个地区，三种不同风貌。康东，以农业为主;康南，农业牧业几乎持平;康北，则以牧业为主。在甘孜州，每一个县，都是独一无二的，都会让人流连忘返，以致这里不断有惊喜呈现在世人面前。从民国时期即闻名全国的康定城，再到2025年上榜“中国100座值得去的小城”的白玉县，可以看到甘孜州各县市的无穷魅力。

世界情歌之都——康定

康定，甘孜州州府所在地，蜿蜒在川西高原的高山河流间。

当7、8月份，成都、重庆、广州等地被暑热笼罩时，康定城里却一片清凉。走在这座城里，夏日炎热带来的所有烦躁都会随折多河的碧波烟消云散，心由此静了，脚步也慢了……

康定城里，脚步慢下来的，不仅有今日的旅人，百年前，还有络绎不绝的商人、背夫。行走在康定城里，背着茶叶的背夫、牵着马匹的马夫的雕塑随处可见。康定这座城市的兴起和茶叶、马匹分不开。茶叶，人生活的必需。而马匹，在冷兵器时代，更

康定城白塔

是人生存的重要保障。汉族地区有茶缺马，藏族地区有马缺茶，就这样双方展开了贸易。明朝时，川藏茶道形成。不过，那时，康定并非茶马交易的重要地点。那时的康定城，只有几户牧民和一座寺庙。山上是繁茂的森林，野生动物在林间自由繁衍。野鹿到折多河来喝水，苍狼在郭达山上嗷叫。那时，折多山以西，才是人烟兴旺的地方。折多山以西，有木雅国王和他的臣民们。一度，木雅国王势力强大，吐蕃王朝的建立者松赞干布需与其联姻来壮大自己。

康定重要的地理位置，注定了其必然不会在历史中籍籍无名。

康定，地处四川盆地西缘山地和青藏高原的过渡地带，地势由西向东倾斜，是川藏咽喉。元朝时，康定即被人们所看重。

康定城历史悠久，但在明末清初，其地位因蒙古和硕特部的介入而变得更加重要。明朝末年，游牧于天山南北的蒙古和硕特部首领固始汗率部进入青藏高原，并在今天康定市新都桥镇营官村设立营官，为其征收赋税。与此同时，康区的木雅地区地方势力已被中央政权册封为“长河西鱼通宁远军民宣慰使司”，即明正土司，成为中央政权在当地的代表。

清朝初年，青海、蒙古和西藏地方势力都试图控制康定这一

战略要地。和硕特部在康区的代理人营官昌侧集烈开始向康定扩张，与代表中央政权的明正土司发生冲突。冲突中，营官昌侧集烈杀害了明正土司，引发康熙震怒。康熙三十九年（1700 年），清廷发兵征剿昌侧集烈，爆发了著名的“西炉之役”。经过激烈战斗，清廷最终平定了昌侧集烈的叛乱，巩固了对康区的控制。

之后，清廷不仅在康定修建军事据点，开通驿道，设立茶

夏夜康定全景

关，改善和内地的交通，还开始在康定设立衙门并建城。雍正八年（1730 年），清廷依山修砌有三个城门的石城，这是康定建城之始。而后来的明正土司也将土司官寨从折多山以西迁到康定。从此，原叫“打箭炉”的荒野之地，逐渐变成闻名遐迩的“炉城”。

康定，藏语称其为“打折多”，意为打曲（雅拉河）、折曲（折多河）两河交汇处。三国蜀汉时期，这里被称为“打箭炉”。关于“打箭炉”名称的由来，有一个民间传说，与诸葛亮南征有关。

传说三国时期，诸葛亮南征，为了筹集兵器，派遣部将郭达率部到西南方向寻一秘密之地打造弓箭。郭达领命出成都向西一路寻来，历尽千辛万苦，终于找到这样一个理想之地，这里四面环山，二水中流，人迹罕至，山清水秀。于是，郭达就在这个地方安顿下来，设炉造箭。郭达造箭的火炉就砌在一座雄伟陡峭

康定城门

的大山之下，风箱沿河向东而设，二水交汇之处就成了郭达打箭淬火之地。郭达在此处造箭日复一日，炉火终日不断，风箱终日不息，直到有一天郭达因劳累过度在炉边吐血而亡。郭达累死了，但炉火仍燃着，风箱仍然开着，于是后人将此地命名为“打箭炉”，将炉边那座大山命名为“郭达山”。

“打箭炉”的称呼一直延续到 1911 年。1908 年，清政府将打箭炉厅升为康定府，1911 年正式更名为“康定”。

民国时期，康定成为全国重要的商贸中心之一。1939 年西康省正式建省，康定成为省会，推动了人口增长和经济发展。

1950 年康定和平解放后，康定城依然商贾云集。不过，随

康定杜鹃花花王

着川藏公路、青藏公路、滇藏公路等公路的修建，西藏、青海和外界有了四通八达的交流通道，康定作为茶马古道重镇的历史使命也就完成了。而此时，世界情歌之都，声名鹊起。

关于《康定情歌》的起源有多种说法，有一种说法与抗战时期的传唱有关。据说抗日战争时期，一群康定青年走出大山来到重庆，参加抗日。他们思念家乡时，会唱起家乡的歌谣。他们的歌谣被音乐学院的一位学生收集。这首歌谣经过音乐学院老师的配乐、定名，原来的歌名《跑马溜溜的山上》被改为《康定情歌》，并经当时著名歌唱家喻宜萱演唱后，一炮而红。从此,《康定情歌》传遍世界。

《康定情歌》成了世界情歌，康定也蜚声中外。慕名来到康定的各国游人络绎不绝。

2001 年 6 月，时任国务院总理朱镕基到甘孜州考察工作。期间，朱镕基总理有感于当地良好的生态环境，特意题词“海外仙山，蓬莱圣地”。2014 年，甘孜州在全国范围率先提出全域旅游发展战略，以全域旅游统筹经济社会发展，在绿色环保的发展理念下，康定冬天无雾霾，夏天无酷暑，成为人们夏日避暑、冬日猫冬的上佳之选。

黄金流淌处的心灵栖息地——色达

1950 年以前，康定县的食盐（俗称康盐）主要来源于青海，而色达，是运输康盐的必经之地。

色达县位于甘孜州东北部，地处四川、青海两省交界处，与青海省果洛藏族自治州及四川省阿坝藏族羌族自治州接壤。历史上，该区域为古代羌族聚居地。

色达，藏语意为“金马”。关于其名称的起源有两个传说，一说因区域内色拉沟发现天然马形金块得名，另一说与格萨尔王的坐骑在此遗留金鞍相关。在这片高原上，“金”字地名体系独具特色。当地谚语“色吉玛、色塘、色拉沟，黄金十八层，金梁玉柱藏其中”，生动描绘了立体成矿的地质特征。据地质勘探，色达县域黄金远景储量达 200 吨。

色达县素有“金穴数百处，岁溢数千两”之说。20 世纪 40 年代，国民党军队某连队在色曲河下游组织采金，年产量约千两。20 世纪 80 年代起，色达县在其区域内五乡一镇大规模开发黄金

色达县五明佛学院

色达五明佛学院居士小屋

资源，通过引入机械化采金船持续作业20余年，年产量突破万两，被列为全国黄金生产重点县，成为国家黄金产业的重要贡献地区。

这片流金淌银的土地，早在3000年前就已有人类繁衍生息。古藏族四大氏族之一的董氏族就在此过着逐水草而居的游牧生活。

在色达，董氏后人有瓦须部落。瓦须人，原居住于青海省内，经过若干代繁衍，人口逐渐增长。由于民族纷争和部落战争等原因，部分瓦须人向东南迁徙，并重新组建部落势力。其中，喇嘛杰、桑吉崩两兄弟在部落不断发展壮大后，决定到色达看一看。

传说，他们走到色达县内色拉沟时，猎杀了一头野牦牛，就地驻扎烧茶休息。突然，一群强盗出现在面前。喇嘛杰火速站起，把野牦牛单手举起，喝退强盗。强盗被喇嘛杰的气势震慑住了，表示愿意归顺喇嘛杰。喇嘛杰认为这是个良好的缘起，象征着瓦须将成为无敌部落。此后，他们一行人来到色柯河谷，这里有丰美的草原，还有珠日神山。喇嘛杰非常满意，他认为此地是瓦须后代居住的最理想的地方。此后，瓦须部落即迁徙至此定居。

瓦须部落实行酋长世袭制，其辖地内资源开发需经头人许可，但民间存在季节性采药、狩猎活动。雍正七年（1729年），清廷册封瓦须头人夏克刀登为土千户，要求其部落年纳狐皮500张。瓦须部落以“高寒缺猎”为由，改为进贡马匹、药材，清廷默许此变通方式。

清末，赵尔丰推行改土归流，1908 年攻占石渠后试图进军色达，但因瓦须部落依托色曲河峡谷据险抵抗而放弃。宣统元年（1909 年），赵尔丰计划委派“色达委员”实施间接治理，但因 1911 年武昌起义爆发及川边局势动荡未能落实。民国时期，色达通过茶马古道与外界维持商贸联系，国民政府曾多次尝试渗透均未成功，直至 1952 年和平解放。

1955 年，色达正式建县。1956 年，划归甘孜州管辖。随着交通的发展，这片古老的土地敞开了胸怀，迎接八方来客。

今天，人们来到色达，常常被距色达县城 20 余千米处的佛学院所震撼。有人把这里称为“佛的怀抱，灵魂苏醒的地方”。

从色达县城出发，沿一条叫喇荣的山沟上行数里，即抵达色达佛学院。色达佛学院，全称“色达五明佛学院”，是世界奇景之一。

佛学院于 1989 年创办，1993 年被美国一家媒体称为“世界上最大的佛学院”。这里的僧舍很壮观，以佛学院的大经堂为中心，为数众多的绛红色小木屋，延绵起伏，蔚为壮观。谷底和山梁上分布着几座寺庙和佛堂，建筑规模虽都不是很大，但装饰考究而辉煌。身披绛红色僧袍的僧人来来往往，充满祥和的气氛。

佛学院最高的山峰上，有一个金碧辉煌的建筑，叫作“坛城”。坛城的梵文名称为“曼荼罗”，意思是按佛教密宗仪规进行某种祭供活动的道场。它的上半部分是转经的地方，据说如果有什么疾病，在这里转上 100 圈就能痊愈；下面一层是转经筒，金色的圆筒经人们转过之后留下一串悠长的嘎吱嘎吱的响声。

佛学院学制分长期进修和短期进修两种，长期为六年，特殊

色达县五明佛学院坛城

学科需要 13 年。佛学院有不少汉族地区学生，故也设汉经院。僧人虽来自不同地域，却都和平相处。佛学院戒律十分严格，这里见不到闲散人员游荡。僧人们每天需要上早课、下午课，有时还有晚课，即使下雪天，上下课需要走泥泞的山路，也从不间断。这里，男女僧人的僧舍泾渭分明，即使亲兄妹彼此也不互访。这里，修行人的生活是辛苦的，山上没有自来水，用水要到山下去背。

每年，不少游客到此，都会被眼前的景象震撼。这里海拔近 4000 米，平常人们即使行走都会困难，而僧人们却能克服重重困难，在此学习佛法。

雪山下的文化古城——德格

德格县，享有“雪山下的文化古城”盛誉，是317国道上的明珠，与西藏江达县隔金沙江相望。

德格，是藏族传说中的英雄格萨尔王诞生的地方。9世纪末期，屹立于青藏高原的吐蕃王朝在内讧中崩溃，此后部落战争持续了近200年，各部落人民苦不堪言。传说，出生于德格县阿须草原的格萨尔王惩恶扬善，戎马一生，统一了众多部落，为这片土地带来了和平与安定。他的故事通过史诗《格萨尔》流传至今，深受人们怀念。

德格以德格印经院闻名于世。这座藏文化圣殿始建于雍正七年（1729年），由第十二代德格土司却吉·丹巴泽仁主持建造，是康巴地区政教合一体系的标志性工程。在18世纪的高原上，建造一座占地约5000平方米、建筑面积达9000余平方米的三层藏式建筑堪称壮举。首期工程耗时10年，主要完成选址、伐木、开山采石、地基平整等基础工作。据记载，仅刻制第一套《甘珠尔》经版便动用数百名工匠，雕刻逾10万块木版。第二期工程主要是建造主体。在却吉·丹巴泽仁主持下，建筑主体历时九年落成。期间融合藏式碉楼与汉式斗拱技艺，形成独特的“外不见木、内不见石”结构，墙体最厚处达1.5米，以抵御高原风雪。却吉·登巴泽仁1748年逝世后，其子彭措登巴（第十三代土司）与孙洛珠降措（第十四代土司）接力完成彩绘装饰、经版扩容及管理制度建设。三代土司历时27年，终使印经院成为藏族聚居区规模最大、经版最完整的文化宝库。

德格印经院外景

印经院建成了，然而，要在近 300 年前德格土司辖地承担起传承藏族文化、弘扬佛法的重任，那的确过于沉重。可是，德格土司家族及德格人硬是挺起胸膛，挑起了这副重担。成千上万的“差巴”（藏语，指承担赋役的属民）把心血、汗水和智慧全部投进了印经院，才带来了今日印经院的万里墨香。迄今为止，德格印经院完整保存着 32 万余块经版和大量藏画版，涵盖超 70% 的藏文化典籍。在当今世界上，完整保存 32 万余块印版，是绝无仅有的。1996 年，德格印经院被列为全国重点文物保护单位。2009 年，作为传统技艺的德格印经院雕版印刷技艺被联合国教科文组织列入人类非物质文化遗产代表作名录，当之无愧。

在藏族聚居区，几乎所有寺庙都会以珍藏德格版经书为荣。今天习惯了手机、短视频的人们，来到德格印经院，可以体味古老书籍的印制，可以看到文明是怎样一代代传播的，可以看到人类对书籍最初的态度是怎样的。

对于藏族同胞来说，德格印经院是他们心目中的圣地。因此，来到印经院，可以看到，不管开馆还是闭馆，都有虔诚的民众在印经院的墙下转经。

在售票中心买了门票后，即可进院参观。一般情况下，印经院都正常对外开放。跨进红墙高耸的印经院，古老印刷文化的馨香扑面而来。印经院是四合院形藏式宗教楼房，典型的藏式建筑。靠大门一侧为一楼一底，正房则为二楼、三楼，参差有致。进门后，可以看到人们在院子里清洗使用过的雕版。

这里的楼梯间、房间都没有电灯，也没有烛火，照明全靠自然光。这是为了保护珍贵的典藏，整个寺庙还是延续着古老的防

岁月中的印经院

印经院经版

火理念，使用的光源是自然的日光。得益于此，德格印经院历经近 300 年，依旧维持着最初模样，支撑起千千万万人的信仰。

二楼、三楼有藏版库、纸库、晒经楼、洗版平台、裁纸齐书室等。如今，藏版库也对游人开放。循着小木梯可穿梭在各个经库间。藏版库大小共六间，约占整个建筑面积的一半，印书操作也在其中。藏版库中排列着整齐的版架，书版分门别类地插满了版架，每版有一手柄。让人称奇的是，收藏经版的层层搁架能见度较差，工人们却可以毫不费劲地在众多经版中迅速找到所需的那一块，仿若神来之手。

木刻印版是德格印经院文物的主体部分，主要分为书版和画版两大类。德格印经院所藏的大量书版中，有许多珍本、孤本和范本。如有印度早已失传的《印度佛教源流》，也有《汉地佛教源流》和早期医学名著《居悉》（即《四部医典》，梵藏对照版为海内孤本）等稀世珍本，又如最古老的版本《般若波罗蜜多经八千颂》（吐蕃时期贝叶形雕版，全球现存最早藏文雕版）是目前全藏族聚居区仅存的孤本，此经版作为档案文献已经于2002年3月被获准列入《中国档案文献遗产名录》中。

德格印经院藏书丰富，门类齐全，兼容并蓄。创始人丹巴泽仁虽信奉红教，但他并不排斥其他教派的经典。丹巴泽仁的包容让德格印经院在藏族聚居区三大印经院（拉萨印经院、拉卜楞印经院、德格印经院）中位居首位。

铜镜草原上的世界高城——理塘

“洁白的仙鹤啊，请把双翅借我，不会远走高飞，只到理塘一转就回。”这是六世达赖仓央嘉措生前绝笔。他对理塘寄托着无限希望。为何仓央嘉措如此钟情理塘，并和理塘有着生命的羁绊？翻看理塘的历史，或许会找到答案。

理塘，地处康南地区重要的交通要冲。由理塘，可北去青海，南通云南，西至拉萨，东望成渝。其重要的交通位置，让各种势力从古代起即在此逐鹿，一决雌雄。唐朝时期，吐蕃统治者松赞干布攻打南诏国，理塘是三大兵源地之一。战后，松赞干布和文成公主以不同颜色的布包裹经卷赐给三地，并建造佛塔。理塘获得的是白布卷，当地人建造了白塔。除赐予的经书外，塔内还供有珍贵的宗教文物及夜明珠、火龙珠等稀世之宝，故而该塔得名“白宝塔”。白塔保存至今，发展成如今县城西的白塔公园。

这也是理塘千户藏寨的历史开端。唐朝晚期，吐蕃王朝瓦解，青藏高原上群雄纷争。

宋代，理塘是格萨尔王所代表的岭国与南方姜国大战的古战场。

元代，为了包抄南宋，1252 年忽必烈率领蒙古大军南征大理，途经理塘。据传后来，马可·波罗去云南时也路过理塘。元初置理塘城。

明朝期间，丽江土司攻占巴塘、理塘。其间，纳西人带来了建筑方法。至今，采用纳西族建筑方法修建的数百年的老宅还有四栋完整的建筑，分别是仁康古屋、芒康古屋、嘉仁古屋，以及芒康古屋后的一栋不知名的老宅。这四栋古屋都在理塘千户藏寨。

1639 年，丽江土司被蒙古固始汗赶走。之后，理塘成为固始汗属地。固始汗派驻营官管理此地。

清朝康熙时期，朝廷派兵攻克理塘，废除和硕特蒙古人设立的营官；雍正时期，朝廷将理塘纳入直接管辖地区。而从元代开始的土司制度，至清朝才得以兴盛。

民国时期，因理塘交通位置重要，这里军阀混战，匪患猖獗。

1950 年 5 月 31 日，理化县解放，翌年 5 月，更名为理塘县。

重要的交通位置，是上天对理塘的厚爱之一；而宽广的坝子，则是厚爱之二。“理塘”系藏语，“理”意为“铜”，“塘”为“坝子”，“理塘”即广阔坝子有如铜镜。而广阔如镜的毛垭大草原，作为川西高寒草原，曾被《中国国家地理》杂志评为“中国最美的六大草原之一”。

毛垭大草原，早在20世纪20年代初就被人所知。20世纪20年代初，一个叫大卫·妮尔的巴黎丽人来到康定城。她想经理塘去往拉萨。可是，时局动荡，大卫·妮尔被滞留在了康定。为了养活自己，她在康定清泉村种地，一种就是六年。六年后，大卫·妮尔终于有了一个前行的机会。她雇了马匹和仆人，翻过折多山，往新都桥和雅江方向打马而行。当乘坐牛皮船渡过雅砻江，走进理塘高城镇，俯瞰广阔无边的毛垭坝草原时，这个来自欧洲的女人居然俯在马上用藏语惊呼：“勒通！”此时，铜镜般的草坝美轮美奂地展露出来。大卫·妮尔让仆人扶她下马背，跪在草地上，亲吻着野花小草，掬一捧小溪里的清泉，说道：“天

理塘县格聂之眼 胡廷辉 / 摄

上草原，天上草原！”

宽广美丽的毛垭草原，曾有过一件稀世珍宝——毛垭土司的官帐虎皮帐篷。该帐篷用了 99 张虎皮，在帐篷的门边和底部还有豹皮和水獭皮、熊皮。帐篷装饰有海贝。当时一颗海贝可以换取 1.5 斤酥油，这顶帐篷上的海贝有 5800 多颗，加上珍贵的兽皮以及这顶帐篷包含的历史价值，可以说这顶帐篷是一件无价之宝。如今，该帐篷保存于四川博物院。

由虎皮帐篷可以看到当时理塘贵族人生活的富庶。而理塘贵族人生活的富庶，不仅因肥美的草原，还因茶马交易。茶马古道形成后，理塘即因重要的交通位置、平坦的地势，成为茶马互市的重要驿站，是茶马古道上仅次于康定的客流集散地。

理塘县毛垭草原

远眺格聂 胡廷辉 / 摄

除肥美草原、重要交通、茶马重镇外，上天还赐予了理塘神山。理塘格聂神山，又称“岗波扎”圣山，被康巴藏族群众称为二十四圣境第十三尊，是藏传佛教二十四圣境之一。主峰下，山头、沟梁、草坪、石流自然形成一尊巨大的弥勒坐像，体态逼真，法相庄严。而刻有“嗡嘛呢叭咪吽”的大碣石恰好镶嵌于坐佛胸口之间，实为殊胜。相传，第二世噶玛巴噶玛拔希曾认证格聂神山为胜乐金刚坛城。每逢转山会，来此朝拜转山者众，热闹非凡。

理塘，被上天厚爱的地方，让人无法不眷恋，就如大卫·妮尔在见过毛垭大草原后，即念念不忘，以至临终前，还希望能再看一次天上草原。

如今，经 318 国道进理塘县城，可以在大大的广告牌上看见丁真的笑脸。这座海拔 4014 米的“世界高城”，随时欢迎着人们！

康巴东大门——泸定

泸定县位于甘孜州东南部，素有“康巴东大门”之称。大渡河上从康熙年间的铁索桥到现代的川藏第一桥（大渡河大桥），持续强化着泸定县跨区域重要交通节点的地位。康熙年间建成的大渡河铁索桥，是古代汉藏通道上唯一的大型桥梁，有“西出盐关第一桥”之称。今天，泸定桥“东连成渝、西接藏区”的区位使其承担了甘孜州近一半的物流中转功能，是名副其实的进藏出川核心通道，也是青藏高原东缘无可替代的“门户锁钥”。

在泸定县这个“康巴东大门”的东边，耸立着一座神奇的山——牛背山。牛背山位于泸定县与荥经县的交界处，海拔3666米。据康巴地区民间传说，格萨尔王征战至此，坐骑白牦牛为阻挡洪水化身山岳，牛首化作冷碛镇五指山，牛脊隆起为牛背山主峰。清代的茶马古道上，背夫们将牛背山云海视为通天神谕——若见“云开贡嘎现”，则预示藏茶交易顺利；若遇“雾锁牛背山”，则需暂停行程祭拜山神。

在这座山上，游客可以看到云海、雪山、彩虹、霞光，景色之美，堪称“一半在天上一半在人间”，俘获了无数摄影爱好者和旅游爱好者的心。为了提升牛背山的旅游品质，有关部门封闭了通往牛背山的所有公共交通，进行长达数年的“秘密”改造。2022年，牛背山“重出江湖”，惊艳世人。牛背山修建有中国最大的360度观景平台，数百平方米的面积，让游客可以轻轻松松地尽情欣赏云海霞光。山上设有帐篷酒店，供游客流连。

牛背山的神奇之处是它的云海——堪称亚欧大陆东缘最奇幻

的流体雕塑。每年 10 月至次年 5 月，来自印度洋的暖湿气流与青藏高原的寒冷空气在此激烈碰撞，形成厚度超过 2000 米的云层系统。一日三时，云海的壮观各不相同。当晨光初现，云瀑从海拔 7000 多米的贡嘎主峰倾泻而下，以每小时 30 千米的速度在群峰间奔涌，造就了“四海翻腾云水怒”的壮景。正午时分，云层抬升形成直径逾千米的巨型云洞，阳光穿透云层投射出七彩“佛光”。入夜后，云海化作银河倒影，高海拔带来的稀薄大气让星空亮度比平原地区大幅提升，构建出“手可摘星辰”的想象。一年四季，云海的魂魄应时而变。春日云絮裹挟高山杜鹃的芬芳，化作粉紫色香云纱；盛夏雷暴在云层深处炸开球形闪电，编织出瞬息万变的霓虹蛛网；深秋晨雾与红叶共舞，将云海浸染成琥珀色的枫糖浆；隆冬云浪冻结成玉雕群像，在月光下折射出蓝冰钻石的冷冽光芒。这方永不重复的天空剧场，用流体写就诗篇，让每个见证者都成为云端史诗的注脚。

雪域梨花秘境——丹巴

丹巴县，1912 年建制时，取丹东、巴底、巴旺三土司音译汉文首字为县名，故名丹巴。丹巴县立体地貌显著，全县最低海拔 1700 米，最高海拔 5820 米，相对高差为 4120 米，形成了“一山有四季，十里不同天”的气候特点。

丹巴县历史悠久，在漫长的政权更迭中，大多时间都是和平的。这样的环境，让以女人为主体的东女国，有了诞生的基

丹巴 美人谷美女

础。同时，也让东女国的遗风能保存下来。在丹巴县，与这些女性文化一起保存下来的，还有数万株梨树与梨花飞雪的美景。

丹巴梨树群落在横断山脉深处绵延，现存的逾 3.6 万株古梨树构成全球罕见的高海拔梨树基因库，其中 4800 多株完成了 DNA 建档保护。这些梨树主要沿大渡河峡谷呈带状分布，集中生长在海拔 1800 ~ 2200 米的甲居、梭坡、中路等藏寨周边，尤其以中路乡古戍堡遗址为中心的梨树密度最高，每平方千米达 400 余株。树龄超百年的古梨树现存约 1.2 万株，300 年以上的古树多分布于甲居藏寨碉楼群与中路乡经堂遗址，仅中路乡白纳沟便有800余株“活化石”，最高龄者经碳14测定树龄超400年，至今仍保持着旺盛的生命力。

当3月的春风拂过大渡河峡谷，沉睡了一个冬天的古梨树慢慢苏醒，它们开始酝酿雪域高原一年一度的梨花盛会。当青稞苗为大地细细地织出柔柔的绿绿的绒毯时，这些古梨树知道，盛会可以开始了。于是，在雄伟的雪山下，大渡河谷扬起了银色“波涛”。充足的紫外线与巨大的昼夜温差，造就了高原梨花不同于平原梨花的品质，这些雪域精灵盛放出了饱满的生命力，花瓣莹白如雪，花蕊微紫。成片时，如云海倾泻，遮天蔽日；稀疏时，似冰雕玉琢，高冷脱俗。雪白的梨花，与藏式碉楼、青稞梯田、红白藏房参差交融，不是你装点我，也不是我衬托你，而是和谐共生，融为一体。

这片“雪域梨花秘境”的形成，源于自然与人文的结合。大渡河峡谷约2000米海拔带形成独特的温带季风气候，昼夜温差达15℃，加上年均1200毫米的降水与充足的日照，构成了梨树生长的黄金区间。峡谷土壤富含磷、钾元素，呈弱酸性，特别适宜梨树根系发育。峡谷坡地能有效避免积水烂根。得天独厚的自然条件为梨树提供了绝佳的生长环境，而深厚的人文积淀则为这些梨树的生长提供了庇护。18世纪，清廷在丹巴县一带的中原将士，将中原的嫁接技术播撒在这里，在碉楼群外围栽植出兼具军事功能与经济效益的梨树林。高大的梨树枝繁叶茂，能有效遮蔽碉楼，形成天然屏障。梨树果实可酿酒，也可食用。随着时间的流逝，将士们栽下的梨树，渐渐融入了当地百姓的生活。梨花五瓣造型成为嘉绒藏族女性服饰刺绣的核心纹样，荡漾在少女们的裙裾上。少女们在成年仪式佩戴梨木发簪，寓意如梨树般扎根故土。藏寨古建筑中，梨木优良的抗腐特性使其成为核心建造材料，梨木横梁占比近 40%。

藏族女性细心地呵护着这些“雪域琼枝”，发明了独特的梨树“年轮灌溉法”：她们能依据树干裂纹判断梨树需水量，配合青稞酒糟施肥，使古梨树保持着旺盛的生命力。这种经验通过母女口传得以延续，让丹巴梨树在守护与利用的平衡中生生不息。

神龙拱卫的藏彝走廊——九龙

九龙县位于青藏高原东南缘、甘孜州东南部，因所辖的九个村寨名称均含“龙”字而得名。九龙县，是甘孜州唯一的汉、藏、彝三个民族人口几乎各占三分之一的县。

九龙县特殊的地理环境，形成独特的汉藏彝民族大融合走廊。原本这里只有藏族，随着茶马交易的日渐兴盛，陆陆续续有汉族商人来此经商并定居，带来了新的文化与习俗，如今，这里还可以看见富有汉族特色的关帝庙、财神庙。清代，彝族迁徙而来定居于此。长期以来这里汉、藏、彝三个民族相互交融，和谐相处，形成了独具特色的民俗文化，既有藏族的特有风貌，又有彝族的原始与古朴。如今，在九龙县的节日里，汉家少女、藏族姑娘、彝家阿咪子穿着各自民族的衣裙，欢歌笑语，其乐融融。

在九龙县魁多镇海拔 2000 多米的山丘上，有一片古茶园，是整个藏族聚居区有历史记载的唯一一个产茶地，集种茶、制茶、贩茶于一身，是青藏高原最早种植茶树的地方，至今还生长着全球海拔最高的古茶树。古茶园里的茶树，平均树龄在 200 年左右，最高龄者达 700 多年。九龙县魁多镇，属亚热带湿润季风气候，冬无严寒，夏无酷暑，适合茶树生长，100 年以上的野生古茶树有 10 余万株。因海拔高，昼夜温差大，这里的茶树生长周期缓慢，茶叶内积累的有效物质丰富，茶味浓郁甘甜。明正土司在清末，曾将这里的茶叶作为贡品。据《九龙县志》记载，唐宋时期九龙县就开始种茶制茶，形成独特的“绒巴茶”。绒巴茶，意为“藏民的茶”，属于传统的黑茶做法，口感独特，消食解腻，一度成为川、藏、滇高原藏族同胞生活中不可或缺之物。

马驹安居的地方——道孚

道孚，昔称道坞，藏语意为马驹，因县城地形如马，故有此名。关于道孚名称的由来还有这样一个传说。传说，贡嘎山下，有一大一小两匹野马在肥沃的绿草地上安详地吃草。一天，一个狩猎者看见了它们，发箭射击，结果大马中箭而亡，小马驹惊恐而逃，最终逃到了水草丰茂的道孚安居下来，并繁衍出无数后代。道孚地名便据此而来。

道孚县的藏房艺术是其独特之处，和藏传佛教有关。道孚县民居之所以能出彩，在于当地人把做酥油花的技艺用于藏房装饰。在藏族聚居区，道孚县灵雀寺的酥油花颇负盛名。相传，文成公主进藏与松赞干布联姻时，从长安带去一尊释迦牟尼像供

道孚县彩色塔林

在大昭寺内，这尊佛像原来没有冠冕，后来宗喀巴大师学法成功后，便在佛像头上戴了莲花护法冠，佛身上加了披肩，佛像前供上一朵酥油花。自此，酥油花便在藏族聚居区的寺院中流行起来。

酥油花的塑造工艺极为复杂而独特。酥油花的制作分为四道工序，首先是“扎骨架”，其次是“做胚胎”，再次是“敷塑”，最后一道工序是“装盘”。隆冬时节，道孚县灵雀寺的僧人开始以纯净的酥油，杂以各色矿物染料，做成各种图案和造型，有山川人物、花鸟走兽、亭台楼阁，还有宗教故事、民间故事和神话传说等。这些僧人，能把酥油做成同真的房屋墙壁一样高大的“酥油花壁饰”，也可以在指甲盖大小的酥油上，做出片片绿叶、朵朵花儿簇拥在一起的花束来，还可以做出马、牛、羊，活灵活现。令人惊叹的酥油花，激发道孚人对生活的热爱。他们将这种技艺用于藏房装饰，最终造就了独具一格的道孚民居。

这些精美的藏房并不是孤立的，它们矗立在雄伟的雅拉雪山下。藏族聚居区四大神山之一的雅拉雪山，山顶终年覆盖积雪。主峰海拔 5820 米，常以一头白牦牛的身形显现，从嘴里不断喷出雪暴，是一位化身兽形的神灵，所以，雅拉雪山又叫“东方白牦牛山”。在雅拉雪山的映衬下，道孚藏房更加宏伟、壮丽！

川西石棺王国——炉霍

炉霍县，古称霍尔章谷，藏语“章谷”意为“岩石之上”。其名由来与民族融合有关。史料记载，此地先民在唐代时与雪域高原其他部落一同融入吐蕃；到宋元时期，各部落又重新分立，甘孜、炉霍、道孚一带为“三霍尔”之地；明清时期，这里封了七个土司，称为“霍尔七土司”。而霍尔土司，出自蒙古族霍尔家族。在岁月更迭中，霍尔家族逐渐和当地人融合。清光绪二十三年（1897 年），建制时，因打箭炉（今康定）至霍尔为入藏要道，故取两地名字中各一字，命名为炉霍。到了 1913 年，正式设立为县。

炉霍县地处民族迁徙古道要衢，以石棺为代表的远古文明遗存是有力证明。该县内，有六处上百座的巨大石棺遗址，分布在达曲河、泥曲河、鲜水河西岸台地。1984 年初，人们在炉霍县卡萨湖修建水电站开挖引水渠时，发现了大片石棺墓地，当时仅发掘清理了 275 座。后来，炉霍县内陆续共发现 28 处、1800

多座石棺墓葬，炉霍县内的石棺墓葬群成为全国最大的石棺墓葬群，炉霍县是名副其实的石棺王国。

石棺墓葬群内出土了大量石器、骨器、陶器和青铜器等文物，考古学家初步判定这些文物的年代大约是从商周至西汉。这些文物具有典型的北方草原民族文化特色，这证明炉霍是北方草原游牧民族南下的重要通道。从新石器时代开始，直到秦汉时代，从甘肃、青海向南，一直到四川、云南，北方族群的南下迁徙一直没有中断，最终在炉霍县形成了独特的“霍尔文化”。

炉霍县“霍尔文化”的代表是当地唐卡。这里有 400 多年的唐卡创作历史，诞生了著名的唐卡画师郎卡杰。画师郎卡杰生前曾留下大量精美的唐卡，其传人已延续至第十六代。郎卡杰是炉霍人，生活在 17 世纪。据说此人能在半颗豌豆上刻画释迦牟尼及十六罗汉围坐图像，所以被人们尊称为“郎卡杰”，藏语意为“天空的装饰者”。郎卡杰的唐卡与其他画派的唐卡作品不同，其最大特点是采用“近实远虚、近大远小”的构图法进行创作，呈现较强的三维立体空间效果，画面细致而精美。

洁白美丽的地方——甘孜

甘孜，藏语意为“洁白美丽”。甘孜原本是寺庙的名字。据载，康熙元年（1662 年），第五世达赖的弟子霍・曲吉・昂翁彭措创建的第一座格鲁巴寺庙，建在有白色石头的地基上，故以白色来命名该寺，叫甘孜寺。后来，甘孜在 1939 年西康建省时正式成为县名。

说到甘孜县，可能不少读者会好奇，为什么甘孜藏族自治州叫甘孜州，州府却不在甘孜县，而在康定市?

这要从历史上曾存在过的西康省说起。民国时期，西康建省之初，关于省会放到哪里，人们就有过讨论，甘孜与康定、巴塘、昌都被列为四个候选城市，最后花落康定。

1950 年，西康省人民政府成立，省府驻康定，全省分设康定、雅安、西昌三个专区。1950 年 12 月，康定专区改为西康省藏族自治区。1955 年 3 月，改称西康省藏族自治州。1955 年 4

丹霞

月，康定发生大地震，房屋倒塌严重。地震灾害使得西康省藏族自治州州级机关难以开展工作，遂计划搬迁。自治州首府准备迁往地势平坦开阔、能有效防范地震灾害的甘孜县。1955 年 10 月，西康省藏族自治州撤销，划归四川省，当时的四川省已经有一个藏族自治区（驻茂县，即今阿坝州前身），所以撤销后的西康省藏族自治州要改名以作区分。康定的州级机关考虑到已经准备搬去甘孜县了，就决定先将州名改成甘孜藏族自治州，省得搬完州府还得再改名。但很快，比搬迁州府更紧要的事情来了：农奴制改革。1955 年冬天开始，四川省民族地区开始推进民主改革，直到 1959 年，甘孜州的民主改革才正式完成。此时，康定县城已经重建得差不多，没有必要再搬了；但甘孜州的名字却一直留了下来，没有再改。就这样，阴差阳错中，“甘孜”这个地名最初指代甘孜寺，后来却指代整个甘孜藏族自治州。而甘孜县也因和甘孜州的历史因缘，被称为“甘孜的甘孜”。

由甘孜县差点成为自治州首府，可以看到该县的重要地理位置和厚重文化底蕴。甘孜县，历来是康北商业、交通中心，是通往甘孜州石渠、德格、白玉、新龙等县，及西藏自治区昌都市、青海省玉树州的重要通道。据史料记载，这里是兵家必争之地。格萨尔王一生重要战役之一霍岭大战在康区多地展开，甘孜县是其中关键战场。1936 年 6 月，中国工农红军二、四方面军在甘孜县城举行会师大会，后北上抗日，并和当地人民结下深厚情谊。

甘孜县内现保存有孔萨土司官寨。孔萨土司官寨是康北藏族聚居区重要的土司治所遗址，其历史可追溯至清雍正六年（1728

年）清廷册封的孔萨安抚司。作为康北四大土司之一，孔萨土司在清末至民国时期实际控制区域达 1.2 万平方千米。该官寨位于甘孜县城东南雅砻江畔，占地面积约 6000 平方米，主体建筑由五层藏式碉楼、经堂及附属防御工事组成，墙体厚度达 1.2 米，体现了康巴地区土司建筑“政教合一”的典型特征。建筑采用藏式石木混合结构，外墙以土石夯筑并收分，顶部挑出短檐防雨，内部由木梁柱承重，井干式木板壁分隔空间。功能分区层次分明：底层为牲畜圈房、粮仓等实用空间；二层设置 20 柱经堂与 16 柱佛堂，贯通三层的宗教空间，体现政教合一属性；上层则为土司冬室、夏室及卫队驻地，铺设拼花硬木地板，壁柜直达梁顶。装饰工艺上，梁柱施以雕刻、彩绘及沥粉贴金，经堂与佛堂采用藏式传统彩画，门框、窗棂雕刻吉祥纹样，突显土司权威与宗教地位。

吉祥盛德的宝地——白玉

白玉，系藏语译音，意为吉祥盛德的地方。

和甘孜县相较，白玉县没有甘孜县宽阔，但在历史上，白玉县也有着重要的地位。作为甘孜州康北地区与西藏的缓冲带，很多重大历史事件发生在白玉县。

当然，在白玉县，最具传奇色彩的是中国最后的父系部落——山岩戈巴。

山岩，即白玉县山岩乡。山岩，藏语意为“地势险恶”。山岩戈巴又称“帕措”，是以父系血缘关系为纽带组成的部落群，是藏族原始父系氏族公社的遗存。戈巴的部落成员以父系血缘为纽带，头目由关心成员、办事公道且有能力者担任，不能世袭，也没有特权。“戈巴”一般大的有上百户，小的仅七八户，兼具氏族血缘纽带与部落社会组织双重属性。

过去，戈巴这种原始部落形式在四川巴塘、白玉和西藏贡觉广泛存在，随着交通条件的改善和社会的进步发展，这种组织形式逐渐被同化和取代，只有白玉县山岩乡的戈巴部落还保持着比较完整的传统。

山岩戈巴的建筑与众不同。这里，碉房与碉房之间相互紧靠，并有暗门相通，连为一体。山岩戈巴是人类早期社会形态的活化石，白玉县也因中国最后一个父系部落而上榜“100 座值得去的小城”。

随着时代发展，到山岩的路，不再难于上青天。山岩人也不再是“独立王国”的居民。他们敞开着怀抱，喜迎八方来客。古老民俗、淳朴村民，加之沿途绝美景观，如比海水更蓝的海子巴巴海，共同构成金沙江畔“男人国”的遗世独立。

在白玉，古朴风情不止山岩，萨玛王朝遗址、世界最大女性修行地亚青寺等，都会让人的心一再遗落。

走向大地的“肚脐”——新龙

红色，是新龙县的基调。

新龙县，藏语原名“梁茹”，意为森林间的谷。县城驻地，藏语称“珠母宗”，意为雌龙，因为城后夏热山形如卧龙。1951 年，更名为新龙，寓“龙获新生”之意。

由新龙的原藏语名字“梁茹”，可以看出该县的地貌特征。该县雅砻江大峡谷两边山岩林立，犹如一条古老的隧道。藏传佛教中，这个大峡谷是去往“地之肚脐”的通道。通往肚脐的隧道里，长满奇珍异树。而沿“地之肚脐”，可以通往甘孜州的南北。新龙可谓是连接甘孜州南北的大通道。

新龙“地之肚脐”的独特地理位置，为雪域高原上一段永恒的传奇奠定了基础。

道光二十八年（1848 年）秋，天灾人祸逼得瞻对（今新龙县一带）的农奴痛不欲生之时，瞻对头人工布朗结顺应民意，率领农奴起义，并明确宣布：废除差役。农奴纷纷前来投奔，起义队伍不断壮大。工布朗结以“抗粮抗差”为口号，带领队伍，从容应战，多次击败土司与清军的联合围剿。每到一处，工布朗结便开仓救济贫苦农奴，免除一切差役，深得民心。在新龙县联通甘孜州南北的地理优势下，工布朗结不断横扫康东、康南、康北各地土司的武装势力，逐步控制雅砻江流域的新龙、理塘等地。从 1848 年至 1865 年，起义持续 17 年，最终工布朗结被清军围困于新龙官寨。据说，工布朗结率众利用高墙战堡，战斗到弹尽粮绝，用一把火点燃了官寨，在火海中死去。

工布朗结起义影响深远。新龙民间流传着许多关于他的传说。相传他死去时鲜血染红发辫，后人为纪念他，将红发辫（英雄结）视为英勇的象征。尽管红发辫是康巴藏族的传统头饰，且

新龙红山

起源说法多样，但在新龙，人们更愿将其与工布朗结的故事相连。由此，红发辫成为新龙汉子的标志性装饰。而红发辫，也为新龙汉子增添了魅力，以致在雪域高原，有“美不过丹巴的嘉绒女子，俊不过新龙的康巴汉子”的说法。

在新龙，红色，不仅有“英雄结”，还有红山。新龙红山景区是迄今青藏高原发现的区域最广、最壮观的丹霞地貌，景观要素齐全，发育完整，组合极好，堪称世界地质奇观。最奇妙的是，丹霞山系与雪山为邻，形成罕见的“红山 + 银山”组合。

如今，新龙县麻日乡措卡湖以“九天瑶池”之姿，把青山绿树、蓝天白云、红寺庙都倒映在一个湖里面，出圈后引来不少游人。来新龙，沿“地之肚脐”或许真的会通向“香巴拉”！

四川之巅的太阳部落——石渠

石渠县，位于青藏高原东南缘的川、青、藏三地接合部，不仅是四川省面积最大、海拔最高的县城，也是四川省最后一处秘境。

石渠，藏语原称“扎西卡哇”，意为住在雅砻江畔的部落后裔。石渠由藏语“色须”音译而来，因区域内建于清乾隆二十一年（1756 年）的格鲁派寺庙“色须贡巴”寺而得名。

这里，是雪域高原图腾故事的发源地。石渠县扎溪卡草原流传着一个传说。相传在久远的时代，一头神牦牛被冰雪禁锢在了唐古拉山脉主峰格拉丹冬雪山上，一群勇敢的汉子爬上雪峰，从太阳引来了火种，终于使冰雪融化了，神牦牛苏醒了。一股清亮的雪水从神牦牛的鼻孔喷涌而出，从此草原上才有了涓涓溪水和清清河流，也才有了肥壮的牛羊和悠扬的牧歌。从此，太阳与火，成为雪域高原的人们崇拜的图腾，而石渠，也被人们叫作“太阳部落”。

在石渠，最为神奇的是 2013 年的考古发现。该次考古，被列为“2013 年度全国十大考古新发现”。

该次考古，共发现了三处 1000 多年前的吐蕃时期石刻群遗存，那也是我国藏族聚居区规模最大、最为密集的吐蕃时期石刻群。新发现的石刻群位于石渠县以东雅砻江流域的长沙干马乡和石渠县以西金沙乡流域的洛须镇，保存状况良好，题材丰富，包括五方佛、大日如来像、菩萨像、度母像、古藏文题记等，基本是吐蕃时期流行的典型题材和内容，图像特征基本符合吐蕃时期的典型风格。其中，位于石渠县洛须镇北丹达沟公路边的一处峭壁上的照阿拉姆石刻尤为传神。“照阿拉姆”是藏语音译，意为“崖石上的仙女”。石刻面坐北朝南，最高约 28 米，最宽约 7.2 米。造像内容是一佛二菩萨，即大日如来佛和金刚手菩萨、观世音菩萨的组合，图像下方有藏文和汉文的题记。相传，该石刻是文成公主进藏路过此地时，命人雕刻的。

那些石刻的发现为唐蕃古道沿金沙江流域的走向提供了资料证据，也为文成公主进藏路线提供了另外一种可能：或经过四川。

唐蕃古道是唐朝和吐蕃往来的官道，也是当年文成公主进藏的通道，这条通道沿途有驿站等设施。古道从长安出发，传统观点多认为经过兰州、西宁，后到那曲，再到拉萨。而 2013 年，石渠县考古新发现的吐蕃石刻说明，这条传统线路以南，也许还有另外的通道。

有专家提出，石渠考古新发现和以前在青海玉树等地发现的石刻以及文成公主庙都可以联系起来，说明从玉树往南可能有通道。此外，横断山一带三江汇流形成的南北走向大河谷，也是自古以来的一条通道，甚至成为民族大走廊。而石渠及周边像一个丁字路口，因此，从这里向西走也有可能到达。

石渠考古为历史上流传广泛的文成公主进藏增添了传奇色彩，同时，也让石渠更加神秘。而石刻，在石渠，不仅是历史的见证，还是信仰的承载。

悬崖江城——雅江

雅江，藏语名“亚曲喀”，即“河口”之意，系雅砻江重要渡口之一。

雅江县，是中国面积较小的县城之一，城区仅有 0.5 平方千米。然而，历史上，雅江县却是不容忽视的。茶马古道经过雅江县内的部分达 187 千米，留下的驿站遗址有 5 处。由此可见，雅江在茶马古道上举足轻重。

雅砻江是往来茶马商队和当地人不得不跨越的天堑。最初，人们以牛皮筏子过河。康熙年间，造木船两艘，从当时的雅州（雅安）调来划船水手 20 名，在雅砻江运送货物和渡人过江。此外，还设置了守卫军队。有了专业水手和军队维持秩序，雅砻江渡口日益繁荣起来。“茶马古道第一渡”也因此诞生。

那些被调来的水手、修护船只的工匠、守卫的士兵，大多在当地安居乐业。在茶马古道上往来做生意的，有的也留在雅江。渡口周边逐渐聚集人烟。一条汉藏民族共同生活的川藏街在雅砻江悬崖边问世。这是雅江县城最初的雏形。

宣统元年（1909 年）5 月 22 日，川滇边务大臣赵尔丰与比利时商人开办的“华法公司”签订修建雅砻江钢索吊桥合同。吊桥于宣统二年（1910 年）动工修建，1913 年竣工，取名平西桥。这是雅江县第一座大桥。该桥仅存在一年，即因地方军阀混战而被烧毁。尽管桥被毁，但渡口周围安居的人家却逐渐稠密。

雅江解放后，有关部门修建了一座宽 7 米的大跨度木架桥，20 世纪 60 年代，此桥改为钢架桥。从此，雅砻江两岸天堑变通途。雅江县城也延展开来。

如今，层层叠叠的房屋沿着山壁耸立，弯弯曲曲的楼梯点缀其间，恍然之间，仿佛一个迷你版重庆。这里，房屋和江水“亲密接触”，走在街上、站在家中随时可以听到流水声，推窗更是随时可见豁然开朗的江景。“江景房”的独特景观，吸引许多自驾游的人在此留宿，吃当地特色美食，感受悬崖江城的独特风情。

近年来，雅江县天龙湖成了众多游客争相打卡的“网红地”，成为川西高原上崛起的“旅游新秀”。天龙湖作为全国藏族聚居区和四川省面积最大的人工湖，在连绵不断的崇山峻岭中，宛如一条巨龙。高峡出平湖，哈达绕青山，这样的“蓝色奇迹”不仅在甘孜，甚至在全国都称得上极为罕见。

幸福歌声代代传唱

手中佛珠——乡城

乡城，是一方被祝福的宝地。

传说距今800多年前，噶玛噶举派创始人杜松钦巴亲临乡城，为民众传法赐福。在该县青德镇传法讲经时，杜松钦巴手里的佛珠断线了，佛珠四溅，信徒们寻拾佛珠时有两颗佛珠怎么也找不到。杜松钦巴开示道："这两粒佛珠与此地有缘，预示着此地将成为一方殊胜祥瑞的河谷宝地。"于是，青德镇长出了两株菩提树，佛珠之地的美名传遍雪域大地。乡城也因此而得名，藏语称为"卡称"，意为"手中佛珠"。

在乡城县，县名的由来还有另一种版本。乡城县内硕曲河由北而南纵贯全境，像一根丝线把坐落在沿河两岸的白色村寨连在一起，犹如串串佛珠。

深入乡城这片土地，可以看到乡城有着和理塘相似的地方。它们都位于茶马古道上。乡城是滇茶北上支线古道上的重要驿站，这里同样留下众多茶马古道遗迹。该县水洼乡那拉岗村的两座古老石屋，建筑工艺和风格均与各地相异，是茶马古道文明的一个见证。此外，乡城和理塘一样，都曾被吐蕃王庭和云南丽江木氏土司管辖。因此，汉族、纳西族、藏族三个民族，在乡城相互交融，最终创造了独特的乡城景观。

在乡城的过往中，有一位当地英雄，人们对他传颂至今。他就是有名的布根统领。据史料记载，布根统领的生平可追溯至清光绪年间。那个时候，康南匪患猖獗，布根凭借非凡的胆识组建民兵，在白松战役中，巧用峡谷地形设伏，一举歼灭匪帮百余人，缴获火枪 23 支，这一战绩震动康区。光绪二十四年（1898 年）清廷册封布根为乡城三十六寨总头人，赐孔雀翎顶戴。现存于乡城档案馆的《三十六寨盟约》羊皮卷仍可见其朱红掌印。

布根统领解决了匪患，还给当地带来了美味的核桃。传说，光绪二十八年（1902 年），布根统领率马帮赴滇西北采购盐铁，途经中甸（今香格里拉）时见寺院僧人吃核桃，遂以十驮青稞换得三袋核桃种子。返乡后，布根统领亲自在热打乡试种核桃。现存于仲古村的两棵百年核桃古树，经林业部门鉴定，确为云南铁核桃品种，树龄与传说时间基本吻合。每年藏历十月十五，仲古村当地百姓仍会在古树下洒青稞酒祭祀，感念布根统领让坚硬外壳包裹的智慧果实从此滋养了峡谷子民。

今天，噶玛噶举派创始人杜松钦巴落下佛珠的地方，菩提树的树荫已遮天蔽日。这方被祝福的宝地，露出了圣洁的容颜。除乡城三绝白藏房、疯装、桑披岭寺外，宛若“七净水”的巴姆七湖也走出了深闺。这里，是人们向往的“香巴拉”！

绵羊声声的高原江南——巴塘

巴塘，系藏语音译，意为“绵羊声声的坝子”。

巴塘地名的由来，在甘孜藏族自治州 18 个县市中，是独特的。在甘孜州，大多数地名都与地形有关，而巴塘的地名，却和生产劳动有关。

在巴塘县，关于“巴塘”得名，有三种传说。

第一种传说是这样的。相传，巴塘县城是半沼泽的灌丛草坝，古人住在这里以驯养动物为生。最先驯养的是较为温顺的带羔绵羊，人们为防止放出的母羊不归，便把羊羔都关在圈里。被放牧到半沼泽灌丛草坝上的母羊群，一边食草一边牵挂羊圈中的小羊羔，因此嘴里含着草时还不停地发出“叭、叭”的叫声，呼唤着心中牵挂的小羊羔。于是，人们就把这个常有“叭、叭”叫声的半沼泽的灌丛草坝取名为“叭通”，音译为汉语即“巴塘”，意为有“叭”叫声的坝子。

第二种传说是这样的。传说，古人住在这里勤奋劳作，开垦土地，种植作物。由于这里的东边是泥滩，西边是半沼泽，便给此地取名“荡叭通”，意思是半沼泽的泥滩坝。后来“荡叭通”地势抬升，东边变成可开垦的中性沙壤灌丛草坝，西边变成泥滩草坝，没有了沼泽，人们就把“荡叭通”的“荡”音去掉不发，只叫“叭通”，意思是泥滩坝，音译为汉语即“巴塘”。

第三种传说是这样的。传说古时，这里从天上降下一只很大的神绵羊，它刚着地时就朝天叫了一声“叭”。从此，人们就把这个地方取名叫“叭通”，意思是叫“叭”的坝子，音译为汉语即“巴塘”。

这三种传说，都和生产劳动有关。由此可见，这里山川秀丽，温暖舒适，而巴塘也被叫作“高原江南”。

如今，富庶的巴塘，更加迷人了。在金沙江切割出的 U 形河谷中，藏民世代以双手雕琢出 600 余层梯田，春种青稞如碧浪涌阶，秋收时金穗垂首；沿 318 国道绵延的千年核桃林堪称活化石，直径超 3 米的古树仍年产核桃百斤；更令人称奇的是海拔

塔公草原

3800米的苹果奇迹——受昼夜温差与雪水滋养的“巴塘皱皮苹果”，糖度极佳，咬破薄如蝉翼的果皮，蜜汁能顺着指缝流淌。4A级景区措普沟、国家级湿地公园海子山姊妹湖、历史悠久的巴塘弦子等，共同描摹着“高原江南”的绝代容颜！

神仙之地的脚下——稻城

稻城，系藏语音译，古名“稻坝”，意为“山谷口开阔地”。民间传说，稻城位于神仙之地的脚下，“稻”即山脚下之意；另一种说法是，稻城因位于岗巴神山之脚下而得名。这些传说形象地描绘了稻城县的地形特点，那就是位于山脚下。

稻城经历了吐蕃王庭、丽江木氏土司的管辖，汉族、藏族、纳西族三个民族在此交融。吐蕃王庭在此留下的印记，可从这里的寺庙明显看到；而纳西族人留下的印记，则需要在稻城人们的日常生活里寻觅。

亚丁山与水的相约

寻觅的线索是黑、白两色。因为，黑与白两种颜色是纳西人对世界的基本认知，黑与白是纳西族最本原、最重要的色彩。纳西族自称“纳”。“纳”即“黑”，“黑”即“大”。以黑色为尊的观念，影响到稻城人。在稻城可以看到，这里的房屋，在甘孜州别具一格。它们不像康北地区以黄色、红色为主，也不像乡城县以白色为主，而是以黑色为主。用黑色装饰房屋，正是纳西族对稻城人影响的见证。此外，稻城有名的阿西土陶，也以黑白两色装饰。这也是纳西族人踪迹的见证。

如今，在稻城，吸引人的不止亚丁。皮洛遗址、海子山高海拔宇宙线观测站、子午工程二期圆环阵太阳射电成像望远镜、天文公园，共同向人们讲述着神灵花园的迷人风光。稻城之所以成为我国重大天文设施集群的核心承载地，源于其独特的地理禀赋。平均海拔 4410 米的海子山台地，大气层稀薄，不易受电磁干扰，为宇宙线观测站捕捉宇宙线粒子衰变信号提供了天然实验室。作为国家空间环境地基监测网的核心节点，稻城的这些天文设施与皮洛旧石器遗址共同构成天文考古公园的时空坐标，通过“科普 + 研学 + 旅游”模式将尖端科技转化为文旅新动能，塑造出“神灵花园”与“宇宙之眼”交融的世界级地标。这里不仅让人看脚下的土地，更让人仰望星空、遨游宇宙！

中国西部太阳谷——得荣

“得荣”旧称“得隆”，藏语意为“峡谷地带农区”。河谷阳光充足，所以也被称为“扎西尼玛龙巴”，意为吉祥的太阳谷。

得荣县是四川省人口最少的县，全县人口不足 3 万人。然而，它却是甘孜州南拓桥头堡，是出川进滇入藏的“低凹金三角”，重要性毋庸置疑。

造就得荣重要地理位置的是金沙江，尤其是位于该县瓦卡镇的金沙江第一湾。湾的东西两边即是四川和云南，湾东是得荣县瓦卡镇，湾西是云南省迪庆州德钦县奔子栏镇。一湾分两省，这样的地貌，实属少有。

金沙江第一湾，距离得荣县城约 60 千米。穿越峡谷而来的金沙江，汇合了乡城县内的河流，水势更加浩荡，在即将冲出川、滇要塞时，由于高山峡谷的阻挡，形成了一个 U 形大拐弯，造就了天下奇观“金沙江第一湾”。

金沙江第一湾的形成，在民间有着动人的传说。相传很久以前，云南德钦的神山想将现在的得荣瓦卡坝子占为己有，派出一条巨蟒，想把金沙江拦住，使金沙江水从坝区上侧流过，这样坝区就成为自己的了。得荣的白所神山派出一只神鸡与巨蟒打斗起来，最后神鸡战胜了巨蟒。可是，金沙江水眼看要漫过瓦卡坝区了，在此紧要关头，白所神山又派出一头神牛，将江水拦过去，使江水从坝区下侧流过，于是形成了金沙江第一湾。

因金沙江第一湾连接云南和四川，因此，这里成为滇藏茶马古道出滇进川入藏的重要通道。瓦卡镇，其名来源，即是“渡口”之意。金沙江瓦卡镇江段，地势平缓流速缓慢，非常适合摆渡过河，因此成为马帮驼队跨越金沙江的理想渡口。同时，瓦卡镇的崇山峻岭中还隐藏着一条不为人知的连接滇藏和川藏两条茶马古道的重要支线，来自云南的马帮驼队从瓦卡渡口经瓦卡镇阿洛贡村、曲岗顶村，再途经该县松麦村、茨巫村最终抵达巴塘，与川藏茶马古道交汇。

得荣县有着甘孜州仅有的纳西族聚居地——白松村。白松村，是一处山水环绕的山间盆地，素有“鱼米之乡”之称。这里的村民几乎都是纳西族。而得荣离云南近，土壤肥沃，因此丽江木氏土司即把云南当地纳西族人迁徙到此处，并长期驻扎下来，最终，形成了这一处独特的村庄。

如今，“太阳谷”的阳光照耀的，不仅有神圣的翁甲神山、金沙江第一湾、下拥景区等，还有十里桃林、瓦卡情舞花海。“中

金沙江第一湾 胡廷辉 / 摄

国西部太阳谷”，不仅温暖每个到此领略香格里拉秘境的游人的心，还会为人们注入前行的力量！沿 318 国道进滇，旅途中疲惫了的人们，到此一定能被太阳谷治愈，满血复活，能量满满！

CHAPTER 03

洛克亲眼所见的最美山峰：贡嘎山

流光溢彩

在甘孜州的东部，一处高出云端的山峰，让远在成都平原的人们都为之倾倒。这就是“蜀山之王”贡嘎山。贡嘎山以王者之姿，引无数人折腰，其中就有著名探险家洛克。

贡嘎出山天下知

贡嘎，藏语意为“最高的雪山”， 耸立在甘孜州的康定、泸定、九龙、雅江四县及四川省雅安市的石棉县之间。据 2023 年公布的测量结果，主峰海拔 7508.9 米，是四川地理的最高点，在甘孜州泸定县内。每当夕阳西下，金黄色的阳光将千年的积雪照得透亮，俨然一座金山伫立在康藏高原，见者无不叩拜。

然而，100 多年前，贡嘎山还默默无闻，仅是当地藏彝群众心中的圣山。这里的藏族群众称它为“木雅贡嘎”，藏语意为“纯白的冰山”。其高度是多少，在全国、全世界排名如何，人们也不知道。

1877 年，英国人威廉·吉尔溯长江而上，穿越川康地区后进入缅甸。之后，出版了《金沙江：穿越中国内陆和藏东至缅甸之旅纪事》一书。在书中的一幅插图中，他首次将贡嘎山标注出来，这是公认关于贡嘎山的最早记录。1879 年，一位匈牙利探险家通过远距离测量，确定贡嘎山的高度约为 7590 米。随后的几十年里，探险家和传教士们来来回回，多次探测贡嘎山，给出了五花八门的测量数据。这些数据，都不能让人确信其是贡嘎山的确定高度。

1922 年，美籍奥地利学者约瑟夫·洛克受美国农业部派遣第一次来到中国云南。1928 年，洛克在从木里去稻城的途中看见了远处的雪山。据洛克的日记描述，当时天气晴朗，放眼望去，可以清晰地看到西北方向 200 千米以外的沙鲁里山脉与大雪山山脉，还有一座巨大的雪山巍然耸立，直入云霄。洛克查了斯坦因 1900 年测绘的康区地图，试图在那个方向寻找那座巨大雪山的标识，可惜一无所获。当时，洛克就决定在第二年去考察那座壮观的雪山，揭开它的秘密。后来证实，洛克当时看到的就是从未有人科学考察过的木雅贡嘎。1929 年春，洛克从丽江经永宁、泸沽湖沿着马帮路出发了。在一个晴朗的早上，洛克在贡

金色贡嘎山

嘎寺西侧山脊上用相机拍到了贡嘎山主峰和周围 12 条冰川的照片。据洛克描述，那是他亲眼所见的最美丽的山峰，皑皑白雪覆盖着的金字塔峰顶露出了灰白色，又突然变成了金色——太阳正在以每秒 299792 千米的速度亲吻它们，当时的景色，任何文字都是多余的。当时拍摄的照片是现存关于贡嘎山最早的系统性影像记录，而洛克也成为经测绘确认位置走到贡嘎山脚下的第一个西方人。他在随后发给美国国家地理学会的电报中认为，木雅贡嘎山是亚洲中部最高峰。为纪念约瑟夫·洛克，他 1929 年测绘的贡嘎山西坡路线如今被徒步者称为“洛克西线”。

当时，美国总统西奥多·罗斯福的两个儿子也在川康地区活动。罗斯福兄弟是为捕猎大熊猫而来，并未对地理环境做过多考察。在 1929 年出版的《追踪大熊猫》这一书里，罗斯福兄弟标注了贡嘎山，还在海拔旁边打了个问号。他们似乎对贡嘎山高度的准确性存有一丝怀疑。

1930 年 10 月，美国《国家地理》杂志发表了约瑟夫·洛克撰写的关于贡嘎山的文章，还附上了他所拍摄的照片。字里行间透露出来的神秘和照片中令人心旷神怡的美景，深深地吸引了众多探险家。有一队探险家于 1931 年来到中国，准备向贡嘎山发起挑战。当时恰逢“九一八”事变爆发，中国正值多事之秋，探险队的申请迟迟没有获得批准。直到 1932 年 6 月，国民政府外交部终于为这支“西康探险队”颁发了游历护照。按照惯例，当时的中央研究院与探险队签订协议，对他们的考察路线和成果利用作出明确规定。对当时的中央研究院提出的要求，探险队照单全收。紧接着，他们以最快的速度签订协议，申报用品清单，探险队终于成行。1932 年 10 月 28 日，阿瑟 · 埃蒙斯和理查德·波德塞尔从贡嘎山西北山脊路线成功登顶。后来出版的《在云端——征服贡嘎山》详细记录了他们的登山过程、测绘结果，并刊出了顶峰的全景照片。1933 年，“西康探险队”在杂志上发表文章，发布贡嘎山高度为 7590 米，但未说明该数据仍存在 234 米正偏差。这一高度位列当时的中国第 11 位高峰，为青藏高原东缘最高峰。

当贡嘎山正式亮相在世人面前后，它的容颜逐渐被人们揭开，人们不远万里来一睹其容，谱写出一曲曲登山壮歌。

月下贡嘎山

贡嘎山下的传奇

从被世人所知的第一天起，贡嘎山就成为登山爱好者们魂牵梦萦的地方。登山界许多人认为，登贡嘎山的难度超过珠峰，不少攀登者将攀登贡嘎山视为终极目标。贡嘎山6000米以上的高峰，有三分之二，连同主峰一起都成了世界登山者的目标和旅游观光者欣赏的雪峰。当然，中国登山队从未缺席。

1957年5月，中华全国总工会登山队组建，在同年6月13日第一次独立攀登国内海拔7000米以上高峰时，首选最具代表性的贡嘎山。资料记载，在经验不足、装备简陋、技术不成熟的情况下，刘连满、史占春等六人登顶成功。从此，贡嘎山也就成了中国登山运动的发祥地。后来，在长达半个世纪的时间中，贡嘎山一度成为世界登山者的目标，吸引了美国、英国、

山与湖的对话

一炷香

瑞士、日本、德国、加拿大等国家 37 支登山队前来挑战。他们不仅登上山顶，还和当地藏族与彝族居民谱写了生命的奇迹。其中，最传奇的是 1982 年日本登山队员松田宏也在海拔 7400 米处遇险昏迷 19 天后被贡嘎山下四位彝族老乡营救的故事。

1982 年，来自日本的松田宏也与队友成功登至贡嘎雪山海拔 7200 米高度。就在他们即将要达到顶峰的时候，在山下大本营里等候的人们收到了松田宏也的最后通话："我们遇到强烈的天气变化，现在什么都看不见了……"随后两人失踪了！

各方立即组织强有力的营救，山下的队员和为登山队服务的汉族、彝族老乡也开始在雪山、冰川上进行拉网式搜寻。数天后，搜寻队终于做出了痛苦的选择：放弃搜索，撤离大本营！

临下山前，队员们采来了贡嘎雪山上的野花扎成花圈，在大本营举行了沉痛的悼念会。19 天后，海螺沟磨西镇药农前往海拔 2900 米的冰川舌城门洞一带采药，发现身受重伤躺在山坡上的松田宏也。随后，一场紧张的抢救战斗打响了。当地人和死神赛跑，将松田宏也送往医院。最终，一场不可能的生命奇迹出现了，松田宏也活了下来。

2002 年 4 月 30 日，松田宏也与其他四位日本友人抵达海螺沟，种下了一棵“攀登者之树”。如今，那条曾经抢救松田宏也的林中小道，被命名为“松田宏也小道”。

贡嘎山下的传奇唤起人们对贡嘎山的向往。不断进入的人们发现，这里不仅属于登山爱好者、科考者，更属于游人。贡嘎山山峰与谷底落差巨大，从东坡大渡河谷地至主峰水平距离 2900 米，而相对高度竟达 6500 米，为世界独有。巨大的高差，造就了气候和生物分布的多样性，形成了带谱完整、层次分明的生物圈，构成了世界上罕见的完整的自然生态景观。这里的冰川、温泉、原始森林，是人间难得的乐园。而贡嘎山绵延的山体，也造就了甘孜州众多的打卡点。

海螺沟猴子

CHAPTER 04

离城市最近的冰川：海螺沟

冰雪，是贡嘎山的特色。贡嘎山共孕育了 74 条冰川。其中，规模最大的是海螺沟冰川。海螺沟冰川最下端的海拔仅为 2850 米，是亚洲最低海拔冰川，也是离城市最近的一条现代冰川。当然，更是“中国最美的冰川”。

高山琉璃世界

海螺沟，位于贡嘎山下泸定县磨西镇，因形似卧在山谷中的巨大海螺而得名。但是，关于海螺沟的得名还有这样一个传说。

传说，藏族聚居区著名的圣人唐东杰布云游到贡嘎山一带后，决意在此修寺建塔。他夜宿于高山密林中一冰川巨石岩穴下。早晚在石穴前念佛经，并面向贡嘎神山跪拜。当他吹响海螺时，海螺声便引来林中禽鸟，禽鸟在石穴周围听他念经。唐东杰布离去后，禽鸟仍按他原来吹海螺的时间聚集在石穴四周，而他居住过的石穴顶部居然长出棵棵树木，生机勃勃。奇景震惊了当地人。唐东杰布住过的巨石岩穴，被尊称为“海螺灵石”。他携带法宝海螺走过的那条深谷，也被尊称为“海螺沟”。海螺灵石、海螺沟由此得名。

海螺沟一号冰川大冰瀑布即贡嘎山主峰东坡“U”字形冰融河谷，是中国迄今发现的冰川瀑布之最。它长约 14.7 千米，落差约 1.08 千米，宽约 1.1 千米，是全球落差巨大的冰瀑布之一。

在海螺沟，不仅能近距离欣赏冰川，还能观贡嘎山主峰。贡嘎山主峰就在冰瀑布后面，宛如一把银剑直指云霄。因离城市近，海拔低，人们容易进入，所以，20 世纪 80 年代，甘孜州即开发海螺沟冰川森林公园，让人们能尽情领略贡嘎风采，享贡嘎馈赠。

如今，作为国家 5A 级旅游景区，海螺沟冰川森林公园每天都会迎接不少慕名而来的游人。进入海螺沟冰川森林公园所在的泸定县磨西镇，人们的双眼就不够用了。清晨，“日照金山”就会夺去人们的魂。

当晨曦照射在贡嘎雪峰之上，浩白银山变成壮美的金山。此时，一道金黄的光束从山峰顶端或稀薄云层裂缝中出现，自上而下铺洒在洁白如玉的“金字塔”和状如皇冠的雪峰上，金黄而又略带淡红的光束缓慢下移到冰川大瀑布，瞬间整个雪峰群和大冰

海螺沟金山

瀑布好像置于巨大的熔金炉中，无半点瑕疵，恍如佛光普照。此时，雪山变成琉璃世界。宁静的高空，山与山、云与阳光，旁若无人地挥洒自己在白昼中最初的美丽与辉煌。这就是贡嘎山的奇观——“日照金山”。

“日照金山”不是海螺沟独有，青藏高原和横断山系有许多令人魂牵梦萦的雪峰，同样有“日照金山”景观。但是，那些雪山要么路途遥远、交通不便，要么海拔过高、氧气稀薄，一般人难以到达观看。而海螺沟冰川森林公园则是看“日照金山”的绝佳之处。

除了海螺沟冰川森林公园，观“日照金山”的地点还有多处，无论在冰川森林公园所在的磨西镇上，还是在通往冰川前沿的公路上、森林中，只要人与雪峰面对面，就能不负心中期望。

我国最大冰瀑布

“日照金山”是贡嘎山也即海螺沟冰川森林公园奇景之一，而冰川大冰瀑布则是奇景之二。

看大冰瀑布并不难，在公园景区里，乘观光车往前，一路冰川、森林、温泉尽呈游人眼前，让人心旷神怡。下观光车，换冰川索道缆车，与大冰瀑布的距离就越来越近了。缆车往前移动，遮挡大冰瀑的高大山体缓缓向后，像拉开的舞台幕布，冰瀑布由窄变宽，直到整体展现在天地之间。要长时间观看冰川大瀑布，还得前往海拔 3550 米的四营地观景台，冰瀑布近在咫尺，

海螺沟激流

中间有一号冰川，观赏中即使遇突发冰瀑雪崩，观赏者也不会有危险。冰瀑雪崩，多发生在天气时冷时暖的夏天，或是春夏之交冰雪开始融化时，瀑布冰雪变得不稳定，很容易发生雪崩。冰崩时，冰体间剧烈的撞击与摩擦会产生放电现象，一时间蓝光闪烁，大地震颤，山谷轰鸣，千千万万的冰块滑落着、飞溅着，扬起漫天雪雾。如此奇景，全国罕见。新崩下的冰雪一部分经自身重压形成再生冰，维持着冰舌的生命；表层的冰雪在消融区融化成淡水流走，造福人类。

雪峰下，海螺沟是庄严、神圣、威猛的。然而，一眼眼温泉镶嵌的海螺沟又是柔情的。海螺沟有多处温泉。当地居民认为饮浴温泉有治病的功效，故称温泉为“神汤”。来到海螺沟，体验露天温泉，是必须的。海螺沟有众多大小不一的温泉群。其中，尤以二营地的温泉为最，泉眼位于山腰，温度高达 92 摄氏度，可以煮熟鸡蛋。这里的温泉池，依地形而建，大的近百平方米，小的只能容纳两个人共浴。

沐浴在露天温泉池中时，温暖的泉水让人仿佛回到了母亲的怀抱，被满满的暖意包围着。举目四望，晨曦中的日照金山，蓝天下的银峰，远处石山怪岩，满山秀绿，一一映入眼帘，其乐无穷。农历八月，明月高挂的夜晚，还能见到终生守护海螺沟的野牛、猕猴，它们到一二营地喝温泉，这种温泉水有利于它们繁殖后代。

从磨西古镇开始看山

磨西古镇，是进入海螺沟的第一道门槛，是游人入沟的中转站。它曾是茶马古道上的重要驿站，也是红军长征进入甘孜的第一镇。

“磨西”，在羌语里是宝地的意思。冬无严寒，夏无酷热，四季分明。磨西纬度低，地势低，西北有高大的山体屏障，四面环山，有利于温暖潮湿的气流停留，适宜亚热带植物生长。农作物一年两熟，蔬菜、鲜果、干果四季上市，生态环境好，无污染。历史上，汉、藏、羌、彝等民族在此居住交融。这里不仅保留了多个民族的不同生活习俗，还保留了大量的古建筑。小镇既有中式建筑，也有法国传教士在此组织修建的哥特式天主教堂。

来到古镇，老街上的青石板路和木头房屋，让人的脚步不由得慢下来。在此，可以找一家小酒馆享受惬意时光，或者找一个靠窗的位置点一杯咖啡或者奶茶，望着来往的旅人与悠闲的居民。有时候，幸福就是这么简单。

古镇，虽然整体面积不大，但五脏俱全。白天可以在古镇上闲逛，购买纪念品，给远方的友人寄明信片，或者在路边的小店发呆；傍晚在小镇上找一家特色小店品尝美食；夜晚在小镇上欣赏这里的万家灯火，如果选择在这里住上一晚，一定要选择一家带温泉的民宿，夜里泡着温泉，看天上的雪花，冰火两重天的体验，定会终生难忘；第二天早上起来，则沐浴在大自然的神奇景观中。

海螺沟营地

CHAPTER 05

蓝色星球上的净土：稻城亚丁

雪山下的亚丁冲古寺

大约 100 年前，稻城亚丁还是隐藏在深山中的一个小村子，当洛克来了以后，一切发生了变化……

洛克与亚丁的遇见

亚丁，藏语意为“向阳之地”。

传说，亚丁村原本只有一户叫郭还的人家，住在亚丁村坡下。他们家是第一颗星星升起的时候就有，差不多是盘古开天辟地的时候。祖祖辈辈在这里生产生活，过着日出而作、日落而息的生活。村子依山傍水，对面有座山。有一天，放牧时，郭还家中有头奶牛不见了。第二天天刚亮，郭还家中一个叫曲珍的小女孩就到对面山上去找奶牛。她走到一个山洞前，突然发现活佛在此修行。活佛叫小女孩给他送吃的。后来，活佛到郭还家住了下来。

活佛住下后，曲珍常常在放牧时，隐隐约约地听见附近有猪、狗等动物的叫声，有时候还听见有人的喊叫声，但又看不见。更奇怪的是，有时还在水沟边捡到捆好了的一小把一小把的青稞。她把这些情况说给活佛和家人听。活佛就问他们家需不需要人做伴。郭还家当然需要，还说这里只有他们一户人家，平时很孤单。于是，活佛打坐念了一晚上的经。第二天早晨，活佛把念了经的青稞，叫曲珍拿到上面坝里撒掉。曲珍把青稞撒完，随即烟雾四起。烟雾散尽后，出现了 13 户人家，这就是亚丁村。据说，很多隐形的村子，因某种原因和外界断绝来往被隐藏，而

亚丁村

亚丁村经过活佛加持，就“现了形”。

传说是历史的影子。这个传说反映了旧时高原地区交通闭塞，村庄隐蔽，外人难以进入。所以，当年洛克来到稻城亚丁，历尽艰险。

1928 年 6 月，洛克在极其艰难的条件下，与他的马队从木里首次进入了“在地图上还是空白”的“贡嘎岭地区”，看到了被当地人尊为神山的三座雪山：仙乃日、央迈勇、恰朗多吉，采集了上千种动植物标本，并用黑色胶片拍摄到了那里“无与伦比的壮丽景色”。他在文章里对当地的景色发出了由衷的赞叹。

洛克的文章在西方世界引起了极大的关注，也激发了英国作家詹姆斯·希尔顿的灵感，他在 1933 年出版的小说《消失的地

夕照仙乃日

平线》中，以洛克的文章为蓝本，描绘了一个名叫“香格里拉”的世外桃源般的理想国，它立即成了当时处于经济危机和战争阴影初现下的人们精神上的安慰剂，一时间，西方兴起了一股回归自然、寻找香格里拉的文化浪潮。

不过，关山阻隔，战乱频繁，在动荡不安的年代，洛克的地理发现并未给这个偏远闭塞的地方带来任何改变。

但亚丁的绝世容颜终究会被世人知晓。20 世纪 90 年代，稻城亚丁逐渐被世人所知，亚丁风景区也成为甘孜州的第二个国家 5A 级旅游景区。

寻梦香巴拉短线之旅

今天，不少人或乘飞机或乘车，来到亚丁风景区，寻找梦中的香巴拉。

稻城亚丁，在稻城县香格里拉镇。风景区内三座雪山：仙乃日、央迈勇、恰朗多吉，呈品字形排列，统称“念青贡嘎日松贡布”，意为终年积雪不化的三座护法神山圣地。藏传佛教称其为“三怙主雪山”，是藏民心中的神圣之地。而 2005 年，亚丁三座雪山和贡嘎山，一起入选《中国国家地理》杂志评选的“中国最美的十大名山”。

沿着当年洛克的足迹，如今景区开辟出了两条线路——短线和长线，让人们可以依据自己的身体状况去选择寻梦的旅途。

短线需要半天时间。如果提前一晚在亚丁村住下，那么第二

亚丁冲古寺

天的旅途就会轻松一些。亚丁村，是周围方圆几十里唯一的村子。村子位于山间台地上，峡谷中出现这样的台地让人有种恍若隔世的感觉。住在亚丁村，不仅可以在夜晚看星空，还可以泡温泉。

早上，从亚丁村出发，到景区门口，乘观光车，在扎灌崩旅游服务区下车。此处，是长短线旅程的分路处。沿指示牌冲古寺方向而去，就开始了短线旅程，路线是冲古寺—珍珠海—仙乃日—冲古草甸。冲古寺，据推算已有近 800 年历史。冲古寺，即住到郭还家去的活佛所建。1928 年，洛克来此考察时，曾在冲古寺住了三天。冲古寺对面即千年不化的三座神山。寺庙脚下是开满野花的草甸，身后是险峻雄浑的亚丁峡谷。寺庙犹如天堂之门，守护着神圣的香巴拉王国。

当年，洛克透过寺庙的窗户，远眺月亮下宁静祥和的亚丁村，那就是詹姆斯·希尔顿笔下《消失的地平线》中美丽的蓝月山谷的原型。今天，在冲古寺“洛克小屋”可以重温当年洛克见过的景，做过的梦。冲古寺外是冲古草甸，也即电影《从你的全世界路过》的取景地。走出冲古寺有两条路。如果带着老人、小孩，走左侧景观步道是合适的，大约 1.5 小时可以抵达珍珠海。如果经常徒步，拥有户外装备，可以选择右侧山林野道，但是，遇上雨雪天气，路会很滑。

珍珠海，位于仙乃日神山下。所谓海，其实是高原湖泊。当地藏族人民，因向往大海，故将所有的湖泊都叫成“海”，如亚丁景区内的牛奶海、五色海等。

在珍珠海，可以拍到仙乃日倒映在湖中的风景。珍珠海，传说是仙女的梳妆镜，是观看仙乃日的最佳地点。仙乃日，意为“观世音菩萨”，据2023年公布的测量数据，海拔5998.5米，是稻城亚丁三座神山中海拔最高的一座。其山体庄严雄伟，峰顶终年积雪，在藏传佛教中被视为观世音菩萨的化身，阳光映照时雪峰晶莹圣洁。

抵达仙乃日后，就可返程。再次路过冲古寺时，又能看到冲古草甸。草甸步道很长，全长5000米，足够人们在此留下倩影，在《从你的全世界路过》相同机位打卡。

短线，集中了神山、草甸、高原湖泊、藏传佛教寺庙以及洛克小屋，足以让人充分感受高原风光，重温洛克旧梦。所以，体力不充沛的游人，走短线足矣。

寻梦香巴拉长线之旅

如果体力充沛，又有一天时间的游客，可以选择长线旅程，即金刚挑战线。

长线旅途，同样从游客中心出发，乘观光车到扎灌崩旅游服务区下车。下车后，长线游客按洛绒牛场指示牌，继续步行往前。沿途可以和松鼠、野鸡近距离接触。之后，再次乘观光车向前。

此时，观光车会行驶在洛绒牛场里。洛绒牛场是洛克探秘亚丁时露营的地方。牛场背靠三座神山，是观赏三怙主雪山的最佳地点。牛场周围是连绵的高山草甸，春夏时节草甸上野花盛开，

亚丁洛绒牛场

漫山遍野。河流从牛场穿过，成群的牛羊在河边、山坡悠闲地吃草。香巴拉的韵味弥漫在空气中。徒步转山的背包客常在此安营扎寨，观赏拍摄神山的日出日落。

在洛绒牛场观景台，观光车停下。此时，无法再依靠车了。后面的旅途需要靠游人步行或者骑马。行走在牛场长长的栈道上，有马帮检票点。马帮检票点的旁边，有补给站点，可以在里面休息，还可以在那里穿民族服装拍照。

沿路标前行，此时，高原带给身体的挑战，会越来越明显地被感受到。不过，因在山间小溪旁行走，身体的不适还不是很强烈。如果是在春夏之交来到稻城亚丁，这条路还可以遇到刚刚挖了虫草下山的牧民。

平缓的路不觉就走完了。坡度上升，有的游客开始吸氧。在高原爬坡登山，的确考验人，走一段就需要休息。沿途随处可见就地休息的游人。尽管疲劳，却没有人退缩，因为，前方的美景值得人不辞辛劳。

一路徒步，来到央迈勇雪峰下的贡嘎措（即贡嘎湖）。央迈勇，藏语意为“文殊菩萨”。文殊菩萨在佛教中是智慧的化身。央迈勇雪峰就像文殊菩萨用手中的智慧之剑直指苍穹。通常，游人都会和湖对面吃草的岩羊打上照面。在这一刻，人会感到和大自然是如此和谐。庄严的雪山下，野生岩羊悠然自得，而游人并不觉得自己是突然闯入的，一切都是那么自然，仿佛，从来就是如此。人和动物的界限消失了，人和自然的隔阂消除了。此时，游人的欢呼声在耳边不断响起。

到达贡嘎措，只完成了金刚挑战线的三分之一路程。当然，如果到此返回，也不枉此次旅程了。然而，真的勇士又岂会轻易退缩。此时，徒步者的呼吸会加快，海拔上升，金刚挑战线的牌子就在眼前了。此时，氧气一定要带足。这里也是拍照打卡的地方。从金刚挑战线上去，有一个雪山观景台。央迈勇雪山大瀑布近在眼前。游人大多在此休憩，然后，整装出发。

一路上坡，在海拔 4400 米处有观景台。此时，回望走过的路，自豪感会油然而生。山顶的风越发大了，仿佛要将人心中的一切杂念吹走。

往前，到了舍身崖。舍身崖有指示牌，指示牌的一边写着通往牛奶海，一边写着通往五色海。通常，游人会选择去牛奶海的路，因为去牛奶海的路较为平缓，坡度小，人会轻松些。然后，再从牛奶海到达五色海，就可以做一个圆满的旅程了。

舍身崖上，有雪山的最佳观景台。此时，云朵就在山间，触手可及。沿山间小路从观景台向下，来到牛奶海。此处海拔4600米。牛奶海呈扇贝形，位于央迈勇神山脚下的山坳里。中间是碧蓝的雪水，周边则环绕着一圈乳白色，这就是牛奶海得名的缘由。牛奶海四周有高山草甸、棱角分明的石灰岩山体，还有直插云霄的雪山。在央迈勇神山的环抱下，牛奶海就像是一只天眼，静卧在天地间。而湖泊中间，赤麻鸭又将湖泊从天上带回人间。

牛奶海边，沿500米长的栈道上山，就到了五色海。五色海也称丹增措，与西藏的羊卓雍措齐名，是当地人心中的神湖。当地人认为，虔诚的人在湖前祈祷时，能看到自己的前世与来生；而高僧在寻找转世灵童之时，会根据五色海的颜色变幻来判定灵童的方位。五色海呈圆形，湖面反射出蓝绿紫的波光，显得五彩缤纷，所以称为“五色海”。五色海，也是长线旅程的最高点，海拔4700米。站在清澈透明的湖水前，你会不敢相信今生竟能有缘走进如此圣洁的天地。

长线旅途相对短线，更为震撼人心。不过，一天的行程，来去还是有些匆匆的。故而，不少游人会选择长短线结合。有的，甚至在洛绒牛场露营，自由安排时间。牛场上，夕阳西下时，仙乃日那么娴静端庄，央迈勇那么巍峨神圣，而恰朗多吉则显露出它最本真的样子。恰朗多吉，藏语意为“金刚手菩萨”。此时，夕阳洒在恰朗多吉上，它仿佛展开巨翅蓄势待飞的蝙蝠。洛克先生将它比喻成希腊神话中的雷神。不过，它充满力量的样子，白天行色匆匆的游人极易错过。所以，要让自己的心如洛克一样被重重地撞击，还需慢下来。

CHAPTER 06

康定情歌发源地：木格措风景区

杜鹃花开

甘孜州的东部、南部、北部，都有巍峨壮阔的山水。和贡嘎山、稻城“三怙主雪山”、德格大雪山相较，康定的山水显得秀气很多。然而，其玲珑的身姿，同样韵味无穷，如“康定情歌发源地”木格措风景区。

“一措再措”木格措

木格措，距离康定市城区 17 千米，汉名野人海，又名大海子，是川西北高原最大的高山湖泊。在高原，人们习惯将湖泊称作海或海子，木格措也是这样。有人曾形容在西藏看湖泊是“一措再措”，而在木格措同样如此。

2007 年，康定木格措旅游实业发展有限公司正式成立，包括木格措在内的沿途景点，被纳入景区范围，所以去木格措的行程需按景区设计的走。

从康定城来到景区后，买门票、车票，坐上观光车，来到山上那碧波荡漾的宽阔湖边。清澈的湖水，引得游人诗兴大发，不断用各种词形容着湖泊，有的甚至还当场改了徐志摩的诗：“软泥上的青荇，油油的在水底招摇；在木格措的柔波里，我甘心做一条水草！”

清澈见底的湖水，只是木格措捧给游人的第一份礼物。一日四时景，早晚不同天，木格措不断展示着自己的美。清晨，雾锁湖面，银龙般的云雾在水面翻卷，出现“双雾坠湖”的动人景观。而朝阳射向湖面时，波光粼粼，湖光倒影千变万化。午后微风拂面时，湖面上“无风三尺浪，翻卷千堆雪”，站在湖边沙滩上，遥望雾霭烟笼的远方，犹如来到了天涯海角。当夕阳西下，余晖洒满湖面，流光溢彩，水天一色，群山沉寂，碧湖静谧。月亮升起时，木格措湖口左面的犀牛峰，那柄朝天的犀牛角会发出银色的寒光。而木格措湖口右面山峰则呈“卧虎观月”之势，如一只卧虎望着天上，虎视眈眈地注视着犀牛峰。

在木格措献给人们众多的礼物中，湖边的黄金海岸，是它给游人的一份厚礼。木格措周围湖泊众多，唯独在黄金海岸一侧铺满金沙，形成水涨覆沙、水落现沙的如大海潮汐一般的奇观。那耀眼的细沙像是给蔚蓝的木格措镶上了一道金边，让人不知身在海边还是在高原。传说，这片金色的沙滩原本在数千米之外的大海边上，是天神将它搬运至此。如此不可思议之景，让人更想一探究竟。于是，乘船吧，到湖的对面去看看。

在木格措湖边，买一张船票，登上一艘环保船，缓缓驶过湖面。湖面上跳跃的波光，让游人不由得连连赞叹。船往前，几只野鸭子悠闲地在湖里游动，又引得游人一阵惊奇。此时，人们彻底忘掉了自己身处高原的湖泊，恍惚中还以为是在热闹的海边。

船靠岸了，迎接人们的是一片草坪，也就是红海草原。从泊船的码头起，修有石板路，通向红海子。夏天，红海草原芳草如茵，野花遍地，人们可欣赏幽香沁人的格桑花盛开在雪山下的美景。红海草原，是看木格措全景的佳地。在那里，雪山下的湖水更显圣洁了，而湖边饮水的几头牦牛还有戏水的野鸭子，则又让它有了活力。圣洁与鲜活组成的木格措，仿佛就是童话世界。

正是这样美好的童话世界，才接纳并养活了因爱而逃难的卓

玛、扎西夫妇。相传很久以前，塔公草原有一对青年男女，男的叫扎西，女的叫卓玛。扎西长得英俊剽悍，能骑善射；卓玛姑娘如花似玉，温柔善良。他们青梅竹马，相互深爱着对方，可是当地部落的首领虽然年龄几乎可以当卓玛的父亲，却对她心怀不轨，整日想着要将她占为己有。卓玛与扎西只能选择远走高飞，逃离塔公草原。于是，他们翻了一山又一山，涉了一河又一河，最终来到了这个人迹罕至的人间仙境，决定在此安家。扎西每日出去打猎，卓玛就在家用兽皮缝制衣物。虽然粗茶淡饭，但忠贞的爱情和美丽的环境让他们感到满足，他们过着幸福而美满的生

木格措全景图

活。后来，他们生活的地方被上山打猎的猎人发现，误认为他们是野人，于是下山之后便传扬开来，而他们生活的这片海子便被称为“野人海”。这个故事，被康定人所传颂。情，在康定人间流淌。加之后来，木格措所在乡康定市雅拉乡另一则爱情故事的上演和传唱，让《康定情歌》逐渐成形。所以，木格措风景区被称为“康定情歌发源地”。

除了红海，木格措周围还有黑海、白海等几十个小海子，有时间的游人可以慢慢欣赏。

木格措的腰带：杜鹃峡

再次回到湖边，乘上观光车。来时眼见的美景，这下可以饱览了。静心池、瑶池，如一块块翡翠，镶嵌在山谷里。还没从“一措再措”的冲击回过神来，别样的红石滩又夺去人的心神。红石滩，是川西高原上的独特景致，是一种菌类覆在石头上形成的。这种菌类对生长环境要求极高。有人曾把石头拿回成都，石头很快就变成了灰色。红石滩，吸引着年轻人。他们将那些红色石头，垒成嘛呢堆，然后拍照。

来到红石滩，其实也就进入了杜鹃峡。杜鹃峡，是系在木格措景区的一条绚丽腰带，一头连着景区上端的木格措，一头连着下端的七色海。游杜鹃峡，一定要走峡谷内的栈道，那会有太多的心花怒放的时刻。

杜鹃峡最妙的是，峡谷里的杜鹃和溪流相映成趣。中国是世界上杜鹃花种类最为丰富的国家，在318国道沿线，有杜鹃花160余种，而杜鹃峡就汇聚了杜鹃花族中的68个品种。每逢花季，峡谷艳丽多彩、千姿百态。有的花树高达数丈，犹如临空欲飞的散花仙女；有的矮不盈尺，恰如铺展的裙裾；有的高居山崖，迎风摇曳，频频向来宾致意；有的竖立沟谷，亭亭玉立，向游客含羞行礼；有的花大如海碗，有的花小似纽扣；红、黄、蓝、白、紫，似珊瑚，似珍珠，一团团，一簇簇。花期从4月下旬至7月，长达三个多月。因此，杜鹃峡真的是木格措景区的颜值担当。而不管文字有多美，终究“纸上得来终觉浅”，当亲身行走在峡谷栈道上，才会发现那些盘虬卧龙的原始杜鹃林有多么惊艳。

红石滩

杜鹃峡

七色海

沿杜鹃峡栈道行走，一路脚步都是轻快的。峡谷里，花开后，高挑着白色果实宛若花朵的杜鹃树，还有奇峰异石、三叠泉，都让人心旷神怡。

走出杜鹃峡，是俄玛措，在俄玛措的一侧，是药池沸泉。药池沸泉，一眼石洞里冒出的泉水能健胃，另一眼石洞里冒出的泉水能明目。康定和平解放前，明正土司曾派家奴长期来此取水洗眼、饮用。如今，这里利用温泉建了鱼疗亭。从杜鹃峡出来走累了的人们，在此休憩、泡脚，真是舒服不过。

木格措之心：七色海

杜鹃峡之下，就是七色海了。只需一眼，就会深深爱上七色海。七色海是世间少有的冷水与温泉共同形成的海子。冰火两重天的交融，仿佛将此处所有颜色——浅蓝、浅绿、深蓝、深绿、金色……都调配在了湖水里。

七色海，是木格措景区游人最钟爱的地方。湖水晶莹剔透，如同一块迷人的宝石，也如同木格措景区的心房，摊开在山间，任凭人们欣赏，久久地吸引着人的视线。水域面积约 20 万平方米，最深处有 10 余米。莲花山的景致倒映在水里，湖光山色，七色海就更加缤纷多彩了。春夏时节，森林翠绿，鸟鸣啾啾，湖面浓稠如玉般青翠；金秋时节，林中泼金飞红，漫山彩林，微风过处，湖面如调色板倾泻；隆冬时节，雪压青松，粉妆玉砌，湖水静谧摄人魂魄。

七色海不仅仅湖水是绝妙的，周围的山同样是七色海的美景。其中，最神奇的景致是莲花绕雾。莲花绕雾的景观和一个神话故事有关。传说，唐僧师徒西天取经遇到大海子无法翻越，便有一只大海龟驮着师徒四人过湖，可是这只海龟将唐僧摔到了水中，菩萨便惩罚这只海龟在七色海镇守千年。为了防止大海龟再度作恶，菩萨便把自己的莲花座施法压在了海龟的身上。如今来到七色海的一畔，便能看到一只巨大的石头海龟趴在湖边，一个莲花状的石座在海龟身上伫立着。每当晨起之时，山间逐渐升起了晨雾，将七色海和莲花山笼罩在一层朦朦胧胧的白纱帐子中，而海龟和莲花座也笼罩在浓浓的晨雾之中，仿佛真的是有观音菩萨下凡，监督神龟是否安心镇守一方。

驼峰倒影是七色海的另一处美丽景色。相传，从无边沙漠中爬出来一只骆驼，迷失了方向，一路走到了七色海。当它翻过山峰的时候，看到一片波光粼粼的大湖，感到无比兴奋，于是埋头在七色海中贪婪地喝水。于是，这只骆驼就幻化成了山峰，两座像驼峰的山峰伫立在七色海边，骆驼的头似乎还在湖中畅快淋漓地喝水。当万里无云、风和日丽的时候，两个驼峰就会倒映在七色海平静湛蓝的海面上，永远忠诚地守护在七色海的身边。

不过，莲花绕雾和驼峰倒影，并不随时能看见，需要运气，但七色海里的鱼儿时刻都欢迎着人们。沿着景区栈道，走过草坪，来到湖边，一群群的鱼儿欢快地在湖里游，有的还游到湖边石条上，触手可及。此时，有鹰从天空飞过，真是应了“鹰击长空，鱼翔浅底”的描述。

围着七色海边的嘛呢堆顺时针转个圈后，该往回走了。七色海下是芳草坪。芳草坪是苏有朋、居文沛主演的电影《新康定情歌》、纪念红军长征胜利 80 周年电影《勇士》的主要拍摄地。夏天到芳草坪来，在开满野花的草坪上，和牦牛、骏马一起合影，真是太好不过。

到了芳草坪，木格措风景区的旅程也就结束了。伴随着《康定情歌》的乐曲声，又回到城里。

CHAPTER 07

是神山更是世界情山：跑马山

跑马山公园

“跑马溜溜的山上，一朵溜溜的云哟……”一首《康定情歌》，让跑马山和康定城名扬四海。跑马山位于康定城东南边。城依傍着山，山护卫着城。自古，跑马山就和山下的人有着不解之缘。它是一座有名的神山，更是一座世界情山。多少世间有情人怀着对爱情的向往，到此登山祈愿。

神仙眷顾的仙山

在公开的文字记载里，跑马山原名“拉姆则”，藏语意为“仙女山”。据传，8 世纪 70 年代，莲花生大师派自己的弟子碧如扎拉到大渡河一带传经。碧如扎拉经过拉姆则登托（意为垫子，即跑马坪所在的台地，人们所说的山顶）时，看到此地草青树绿、风景秀雅、气质祥瑞，于是有感而发，写了称颂此地的《拉姆则》一书。元朝时期，藏族聚居区有名的大成就者伏藏大师噶玛巴二世活佛，应元廷的邀请赴中原弘扬佛法而途经康定，在四月初八那天，活佛在跑马山上的一块大石头内取出了一个法螺及一个大铜锣。当取出伏藏后，这块大石头即显出一尊米拉日巴的法像。于是，大师就在取藏的地方建起了一座寺庙，取名拉姆寺，取出的伏藏器物也作为镇寺之宝留于寺中。

伏藏的发现和寺庙的建立，为跑马山又增添了一抹庄严与神圣。现在，跑马山上依然可以找到大师取伏藏之处，在跑马山顶禅院边的大石头上仍清晰可见一尊米拉日巴法像。拉姆寺（后被叫作南无寺），曾得到明王朝和明正土司护持，僧侣多时达到

凌霄白塔

千人。

清代，明正土司于农历五月十三日在登托山坪祭祀山神，并举行赛马会，十里八乡农牧民中的骑术佼佼者，都来参赛。观者云集，有普通民众，也有显贵之家。参加赛马的人穿着新的衣服，骑着骏马。比赛开始，土司一声号令，万马奔腾，向终点疾驰而去。先到顶者获胜。前三名按等级赏给分量不同的哈达、茶叶、花红，跑在末尾的，则有群众戏撒糌粑，以示驱逐霉气。从清代至民国，赛马会年年都在登托山坪举行。久而久之，康定人就把这个地方称为跑马山了。

在公开的文字资料里，跑马山的得名是因为赛马。在民间，跑马山也叫情山，因为恋爱中的青年男女常光顾这里。过去，康定没有公园，城里缺少青年男女谈恋爱约会的地方，草青树绿的跑马山正是约会的好去处。《康定情歌》中，张大哥和李大姐定情盟誓也在跑马山。

跑马山之所以如仙女一样秀美，在康定当地老人的传说里，是因为跑马山顶五色海三公主。

传说，跑马山原是一座满山荆棘、野兽出没的荒山，樵夫不敢上山砍柴，猎人不敢入山狩猎。山神得不到供奉，便去五色海子向海神求助。海神见山神心地虔诚，便命三女儿德勒公主去开拓跑马山，并赐予她一把珊瑚梳子、一条白色哈达。叮嘱她如遇危难时，便拿出梳子呼救，此时就会有河对岸的铁甲武士前来解救；一切如意时，便把哈达抛向天空，化作一朵白云，宫里人看到飘忽的云彩便放心了。德勒公主到了跑马山后，天天拿出梳子梳呀，梳呀，梳了三年又九个月，终于把山上的乱石梳平了，刺笆梳光了，蛇豸绝迹了，野兽远遁了，留下一片芳草如茵的草坪，映衬着满山满谷的杜鹃花和其他各种鲜花。从此，喜鹊从远方飞来，歌声从山外传来，蜜蜂常来采蜜，游客前来敬香，云彩飞来为三公主做头帕，野花开放为三公主做围裙……人们说，后人编唱的“跑马溜溜的山上，一朵溜溜的云哟”，那朵溜溜的云，就是五色海神三公主抛向天空的那条洁白哈达！

转神山无遗憾

关于跑马山，外来游客可能不清楚，为何当地人会对它一往情深。因为他们到跑马山时，山上常是空旷静谧的。宁静的山林曾让游人感叹：“不到跑马山终生遗憾，到了跑马山遗憾终生。”

对康定本地人来说，到跑马山从无遗不遗憾之说。它在康定

吉祥禅院

东关亭

人心里的地位，在岁月的洗礼中一天天长成。

原本，藏族人民有转山祈祷的习俗。转山时携带旗布、经幡、纸印经文、柏枝等敬佛之物，口诵佛号，围绕本境神山转游一周。经沿途之山巅、水涯、寺庙、佛塔、嘛呢堆等处，分别挂经幡、压经文、焚柏枝以祭天。

转山，一年中并非只有一次。春节期间，康定藏族人民就会转本村神山，祈祷一年风调雨顺。而每年藏历四月的转山，康定藏族人民尤为重视，每年的藏历四月，人们都会绕神山而转。

在康定人眼里，城里的跑马山、郭达山、阿里布果，都是神山。跑马山上的九龙浴佛池，人们必须朝拜。据佛经故事说，佛祖释迦牟尼诞生后，即于九龙浴佛池沐浴。而九龙浴佛池，即在跑马山上跑马坪的幽林中。今池边有九龙吐水、戏水的雕塑。

转神山，人们在意的是和山的交流，而非山上的娱乐、休闲。这种和山相处的方式，沉淀在康定人的血液里。后来，随着人们健身意识的提高，特定时日的转神山变成了日常的登山，但和山相处的方式，却没有改变。

登跑马山的三种选择

每一次登山，就是一次和山的对话。到跑马山顶，有三种选择。三条路对应着三种风景，也对应着三种心情。

从飞云廊向左，是往东关亭而去。沿石径和茂林往前，城中的雅拉河会越来越清晰。石径与树林构成的风景，是跑马山的一大特色。跑马山曾经植被丰富，动物多样。猎人甚至在山上猎到过鹿子。据康定的老猎人讲述，鹿子是一种很好奇的动物，听到声响，往往会前去查看。因此，他们看到鹿子后，会先开一枪，然后躲到一旁，等被惊吓后神魂稍定的鹿子回头看时，再开枪，就会猎到猎物。这样的办法，十有八九都会奏效。打猎的人多了，山上的动物就少了。改革开放后，打猎被禁止了，人们也开始保护野生动物了。跑马山上野鸡、松鼠、画眉鸟等不期然间就会和游人相遇。

往前走时，佛字石突然就会跃入眼帘。看着突兀地耸立在山梁上的巨大石头，游人会不由得感叹，是什么样的力量让它如此悬悬地停留在此。要知道，对着佛字石的山下，就是位于山麓的观音阁和下面的街道房屋。如果石头滚下去，后果不堪设想。而关于石头的来历，有这样一个传说。传说有一年，康定城发大水，这块巨石从更高的山上滚了下来，眼看就要往山下的庙宇、民居碾去，一股神奇的力量却突然“喝”住了它，从此，它就停在了从飞云廊去往东关亭的必经之路旁。后来，有人就在这块巨石上刻了一个硕大的“佛”字，并涂上了醒目的大红色。再后来，有人就在佛字石的周围挂起了经幡，一人接一人，一挂接一挂，经幡翻飞。东关，是康定城里风大的地方；东关亭，则是跑马山上风最大的地方。佛字石的上方，人们建了这座亭子。站在亭子里，环顾四周，一种英雄般的豪迈感油然而生。

这条路适合指点江山、激扬文字的年轻人。在东关亭，不仅可以清晰地看到山下的河流、进出城市的车流，还可以望见对面郭达山顶上据说是郭达将军所插的箭镞。

东关亭并不是终点。亭子下方有回城的石径。上方，则是往跑马山顶的路。穿过一截石林和一段松树林后，就到了跑马山顶了。

走左边，是豪情；往右边，则是温情。从飞云廊往右，是茂密的灌木丛和松杉林地。这条路没什么坡度，像是横在山腰的一条腰带。路上有各色野花和调皮的松鼠。这条路适合孩子。灰褐色的松鼠在树枝上如履平地跑着，给孩子带来不少乐趣。

继续向前，会看到咏雪亭。咏雪亭立在一个没有什么树木、视野开阔的地方，没有什么掩映着它。从它所在的位置，能看到康定南郊的南无寺，还有金刚寺。两寺及其周边繁茂的古杨树共同构成了康定古十景之一的“双寺云林”。天气晴朗的时候，站在咏雪亭上还能看到远方终年积雪的雅加埂雪山。在蓝天的映衬下，银白色的雅加埂熠熠生辉，构成康定古十景中的“雅加积雪”。

从咏雪亭出发，就踏上了通往跑马山顶的石梯大道。大道两边，长得笔直的松树构成了一片整齐的树林，有一种抽象画派的风格。石梯大道宽敞，逢节日时，人们常会走这条路到跑马山顶。

如果看到刻在石墙上红色的“诚”字，说明吉祥禅院就在眼前了。在吉祥禅院前，路边一块大石上写着三个字“跑马山”，行书带草，遒劲灵秀。

过了大石就到了通往吉祥禅院的一通宽阔的石级。禅院里，

跑马坪

刻着时任国务院总理朱镕基 2001 年题词的石碑

菩萨宝相庄严，而在配殿，则供奉着郭达将军的塑像。走过吉祥禅院向右一转，路尽头竖立着一块题字碑，刻着时任国务院总理朱镕基 2001 年来康定时的题词“海外仙山　蓬莱圣地”。此时，也就到了跑马山顶——跑马坪了。

如果，选择从飞云廊直接向上走，则是到跑马山顶最近的路线。登山比赛常选这条路。这条路，松树成林。走在松林里，可以感受一米阳光的快乐。此外，林子里还有菌类。因此，这条路也是热爱生活的阿姨们爱走的路。边走路边拣菌子，既锻炼了身体，又丰富了家人的餐桌。

每天早上，想要登跑马山的人们，会聚集在飞云廊里。有的人到此为止，就在廊里打拳锻炼，有的在廊里练嗓子。过去，康定人喜欢唱山歌，人们上山砍柴、放牛的时候，都会吼几嗓子。这个习惯，也就孕育了《康定情歌》。后来，生活条件逐渐变好，也不需要砍柴、放牛了，但吼嗓子的习惯流传了下来。城里无法吼，空气清新、视野开阔的飞云廊，就成了人们练嗓子的好地方。

跑马山顶，高 21 米的凌云白塔常有白云缭绕。白塔是康定市标志性建筑，也是康巴藏族聚居区特有的佛塔。

不少人在情人池畔流连忘返。情人池，自然生长着许多连体古松树。其他地方很难看到这样神奇的自然景象。这些连体古松静默在山林间，演绎着“问世间情为何物，直叫人生死相许”的亘古心愿。漫步其间，会发现有许多小松鼠在自由地玩耍，好像是这一对对“情侣树”的活泼儿女……

CHAPTER 08

距离成都平原最近的草原：塔公草原

牧场

夏天，在康定城里，可以看到不少卖塔公酸奶的摊贩。塔公酸奶深受康定市民喜欢。酷热的天气里，盛一碗酸奶，加上白糖，搅拌几下，酸酸甜甜中，暑热散去不少。夏天，塔公先以一碗酸奶征服了康定人。

菩萨喜欢的地方

塔公草原是甘孜州著名的草原之一，也是距离成都平原最近的草原。都市上班族疲累，想放松身心、感受自由，去塔公草原，是上佳选择。

传说，塔公草原是菩萨喜欢的地方。相传，唐太宗把文成公主许配给松赞干布，并把一尊释迦牟尼 12 岁等身佛像赐予公主和松赞干布。当公主行经塔公草原时，这尊佛像竟然像在地上生了根一样，再也无法移动半步。就在众人一筹莫展之时，佛像开口示意愿意留在这里。这也就诞生了“塔公”一词，即“菩萨喜欢的地方”。

塔公草原上，草原、塔公寺、木雅大寺、雅拉神山，还有塔公镇上的街道，共同组成了一方美景。现代的生活、牧民的生活、寺庙，交融在一起，像天赐一般。

夏天的草原，是游人们最喜欢的。此时的草原最像人们的梦中“情原”。夏天，塔公草原是七彩的，各种各样的植物都开出了美丽的花朵。据说，曾有人做过调查，塔公草原上有 20 多种植物，牛羊吃了草原上品种丰富的草，奶汁特别香甜，肉质特别鲜美，而这也是塔公酸奶出名的一个重要原因。

开黄花的毛茛和驴蹄草是夏日草原最常见的野花，花朵虽然不大，但往往一开就是一大片，远远望去像一张黄色的绒毯，适合人们在花丛里打滚。而此时，吃饱喝足的牦牛和马，会发出响鼻，有的还会撒欢，在草地上跑一段。夏天，牦牛、马、羊，也是欢喜的。此时，圆穗蓼细细的茎顶着密密实实的花球，在风中微微摇摆，牦牛和马夏天吃了它，很快就能上膘了。人们爱吃的黄膘牛排，就有盼头了。不过，夏天，先肥起来的是土拨鼠。土拨鼠，爱吃人参果。夏天，人参果长起来了，土拨鼠们也就变得圆滚滚的、憨憨的。偶尔运气好了，清早可以看见土拨鼠们对着太阳双手合十。

夏天，草原上的太阳是大方的。它将自己的光和热毫不吝啬地给万物，让牦牛和骏马尽情地吃饱喝足。这样，牧归的时候，

牧场

塔公镇上，旅人们会看到一大群牧归的牦牛踏着高原夕阳的余晖，悠闲地走向镇子的街巷。它们黑黑的身影连成一片，即使见了来往的汽车，也不惊不诧、不急不躁，一副慵懒满足之态。

当牦牛牧归时，太阳也就要准备西沉了。晚霞渐渐燃烧起来，将天上的云朵变成浪漫的玫瑰色，近处的草原也受到感染，渐渐从金黄变成火红，整个草原犹如一片燃烧的海。而在更远的东方，在一片起伏的群山之上，银色的雅拉雪山也被涂抹上胭脂色，在夕照中闪烁着金灿灿的光芒。如此美景，菩萨怎会不喜欢，凡人怎会不喜欢?

转山转水转佛塔

在塔公，经常可以看见牧民在转着寺庙外一排长长的转经筒。有时，还可以看到寺庙外匍匐磕长头的牧民，他们是不远千里来朝拜的。

那些不怕路途遥远来此朝拜的牧民，是因为“塔公寺”的缘起。塔公寺的起源，和文成公主有关。相传，文成公主进藏，行经塔公时，唐太宗赐予的释迦牟尼 12 岁等身佛像开口示意愿意留在这里。于是，文成公主当即令众人就地取用金沙按照佛像原貌复制一尊佛像留在塔公。因释迦牟尼的等身像，塔公也就闻名于康巴地区，若无缘去拉萨朝圣，到塔公寺朝拜也有同样功德。所以，牧民们有的到不了拉萨，就会到塔公来朝拜，以圆一生之夙愿。

康定塔公寺

塔公寺外白塔

塔公寺，还有一个名称。相传，文成公主到达拉萨后，松赞干布发布政令，特地修建了108座寺门面向汉地的寺院，塔公寺恰好是这批寺院中最后圆满的第108座。又在若干年后，从印度来了一位高僧，降伏了塔公地区与佛法作对的妖魔，重新为寺院举行了加持开光法会。法会吉祥圆满，诸佛与菩萨当空现身，欢喜赞叹，天空中传来“塔公、塔公”的声音。如此殊胜的密意因缘，塔公寺又被命名为“一见解脱如意寺”。

关于塔公草原上清楚可见的雅拉雪山，有这样一个传说。传说，当年文成公主留下一尊原样复制的佛像后，还留下一位随行的护法神来守护这尊佛像，守护这个地方，这位护法神的化身就成了雅拉雪山。而当地人民为了纪念文成公主，便在塔公寺内绘

转塔

制了文成公主的大幅画像，一并供奉朝拜。就在专门供奉佛像的专殿右侧，也供奉着文成公主的塑像，其塑像和善端庄，台前香灯长明，体现了藏族人民对文成公主的敬仰和怀念之情。

1997 年，在雅拉雪山下，塔公寺旁，又建起了一座金塔，叫木雅金塔（非木雅大寺），是为纪念十世班禅大师在塔公灌顶布法。金塔外有 383 米长的转经廊，装有 470 个转经筒。金塔四周有四座台阁式佛塔，每座塔内都装藏了小佛塔。围绕金塔的塔林有八种成就塔共 158 座，内装《甘珠尔》等丰富完整的装藏品。木雅金塔和塔公寺成为塔公草原上的双子星。每天，塔公寺外、木雅金塔转经廊上，转经的人更多了。

牧马多彩草原

到了草原，骑马是必须的。在马背上，对草原的风、草原的雨、草原的阳光，才能有真切的感受。那是和在车里坐、在草地上走，完全不同的感觉。

在塔公，有牧民牵着自家的马，等待游客体验骑马。初次骑马，不少人都会害怕。其实，马是很通人性的，能快速准确领会人的意思。而且，马的记忆力很好，有时人忘记了来时的线路，马却能记住。在高原上，常有人在风雪中迷失方向，找不到回家的路，就抱着马的脖子，任由马将自己驮回家。因此，人和马是能够心心相通的。当骑着马在草原上漫步时，会有抛下枷锁、重获自由之感。

草原是敞开的，是对所有人开放的。只要稍微多停留一下脚步，就能体会到牧人的心情。比如，在草原上找一片草地躺下，傍晚时，伴着歌声，一个骑马的人就会出现在草原的尽头。他唱的歌是在康巴草原上随处可闻的山歌，旋律很简单，起伏却很大。先是一阵低沉的胸音从草尖上滚动过来，然后突然一下子高上去，在高音区婉转起伏，像一只突然蹿上天去的云雀在天空中飞翔……那歌声会让你深深感动，让你想到白发苍苍的母亲，想到天各一方的朋友，想到让人心疼的情人……眼泪会不由自主地流出。

现在，塔公草原上，有的人家已经很富裕了，但放牧依然是他们固守的工作。也许，对他们来说，放牧时的自由，还有寂静空旷的草原上涌起的无限深情，比财富更重要。所以，他们守着家园，守着自己的牛马。而女人们也依然用传统的方式装扮自己，以致平时看上去她们是普通的。她们会用酥油、蜂糖和一种草根的提取液混在一起，涂抹在脸蛋上，脸蛋呈现出两团乌红的印记。人们会误以为，那是被太阳灼伤的痕迹。其实，那种草根提取液能很好地抵抗紫外线和风沙的伤害。每当丰收庆典或是节日来临，姑娘们就会来到河边，洗去脸上的保护层。那时，她们就显得容光焕发、光彩照人了。

此外，沿木雅金塔附近的栈道登上山顶，适合时间紧、喜欢清静的游客。栈道沿途，可看到嘛呢堆。那些刻着六字真言的石头，被当地人垒起来，当地人用这种方式默默地祈祷着国泰民安。登上山顶后，可俯瞰塔公镇，可眺雅拉雪山，可望天边不可思议的云，游人到此，会惊呼：“天堂，那一定是天堂！”

河流与野花

CHAPTER 09

川西露营界的天花板：荷花海

月亮湖边

到今天为止，康定的不少宝藏风景还隐藏在山野间，位于康定市普沙绒乡的荷花海国家森林公园，就是其中之一。荷花海，被到过那里的游人誉为“川西露营界的天花板”，也是四川100个最美拍摄点之一。

幽谷里寻绿野仙踪

现在，荷花海国家森林公园还知者不多。2005年，荷花海在公众面前亮过相。那次是因为广西电视台的“寻找金花”节目，荷花海和贡嘎金花一起出现在人们面前。不过，那之后，荷花海和贡嘎金花又都归隐。

去荷花海，不能走大众路线，要走幽径。去荷花海的路，其实也是一次转山转水的路。

荷花海因还未开发，没有专线旅游客车，不过游客可以在康定包车前往，或者，乘区间车从康定到普沙绒乡政府后，再在普沙绒乡找当地师傅开车前往荷花海。如果自驾，就完全不必考虑交通问题，沿途只需注意路线。

乘车翻过折多山，经木雅圣地景区，沿318国道前行，白塔处有岔路，此时，前往荷花海就需向南，走215省道。

沿指示牌向前，到白马隧道后，是康定普沙绒乡和九龙县的分路处。白马隧道处，原来有白马桥。白马桥下，有白马石。白马石底部有清晰可见的一匹白马图案，图案约20厘米宽，状如草原奔驰的骏马。传说，不论力邱河处于洪水期还是枯水期，这匹白马始终位于水面之上，堪称奇迹。现在，隧道通了，车辆迅疾驶过，白马石很少被人们注意到了。

在白马隧道分路后，道路变得窄一些，不过，依然平坦。此时，公路两边森林茂密，其中以青杠树居多。青杠树，是产松茸的树种。游客在莲花湖游玩之后，在当地民宿住下，吃一顿松茸大餐，真是太满足不过。

在山路间蜿蜒前行，需要注意指示牌，否则，顺着路，一不小心就会将车开到普沙绒乡政府所在地，如此，又要掉头。进入普沙绒乡后，去往荷花海的路，就是逆流而上。这条河，是力邱河下游支流。力邱河是康定市一条重要河流，在普沙绒乡汇入雅砻江。其实，在康定的塔公、新都桥、甲根坝、沙德等地看到的河流，都是力邱河的分支。所以，在康定折多山以西游玩，不少时候，是沿着力邱河而行的。

静谧，在路上行走时，就已扑面而来。沿途没有川流不息的车流，只有当地少数村民外出。不过，这样的静谧不是寂寥的，而是温暖的。因为，路上遇到的村民都会面带笑容，热情地打招呼。

逆流而上不久，就能看到人家。一顶顶白色帐篷矗立在草地上，这些帐篷不是当地牧民自住用的，而是为游人准备的。继续往前走，可以看到不少挂着民宿牌子的房屋。此时，已经来到荷花海村了。荷花海村，原来叫苦西绒村。荷花海渐渐为人所知后，康定市政府就将村名改了。

荷花海村，沿河而建。村里人用木头在地里围了栅栏。来到这里，仿佛回到了某处非常熟悉的地方，也许是外婆的家，也许是儿时的家园。到此，全身都会放松下来，会想着今夜就在此留宿。到此，也就进入了隐秘的“绿野仙踪”。

在天然森林氧吧里安放身心

从荷花海村向前，会遇到一个卡点。这个卡点是林场设的。

荷花海国家森林公园，由力邱河林场六队看护。进入冬季防火期，森林工人会在此拦住进山的人。所以，到荷花海国家森林公园，最好的时间是6月至10月份。夏季和秋季，游人到来时，森林工人都会欢迎。这里不收门票，只收20元垃圾处理费。如今，森林工人还会化身向导。单独出行的驴友，可以在此请森林工人带路。

过了卡点，森林愈发茂密了。荷花海国家森林公园内的森林覆盖率高达89%，冷杉、云杉、栎树都大面积挂着松萝，只有未遭破坏的

月亮湖

荷花海沿途

原始森林才有如此景观，十分罕见。风吹过时，松萝飘舞，绿野仙踪的韵味在林间弥漫。月亮湖，就在前面了。

荷花海，不是森林公园唯一的景点，虽然荷花海是最有名气的。荷花海，因“海”中生长野荷而得名。海子边还生长着一种叫“荷荷草”的野草，其叶阔如蒲扇，有香气，当地人用来包酥油，酥油不易变质。荷荷草、野荷、其他鲜花，春夏时节，荷花海所在山谷，满谷幽香，让人以为来到仙境。不过，在不少游客的眼里，荷花海下端的月亮湖，风情一点儿也不逊色。

月亮湖是游客进入森林公园后，看到的第一个湖泊。林场工人的住处也建在此处。月亮湖由五彩草甸和河流组成，状如月亮。溪流在两山森林之间的草甸上盘旋成无数个月牙湾。相传，这里是仙女们沐浴的地方。林场后面，东西走向的山峰，宛如沐浴后的仙女，天晴的时候，可清晰地看到美人的眼、鼻轮廓，惟妙惟肖，让人浮想联翩。

月亮湖边，有牧人放牧时休憩的小石屋。水草丰美的季节，马儿会在湖边悠然吃草。此时，在湖边大片绿丝毯似的草滩和湿地上，黑牦牛和红骡马细微的啮草声，衬得山谷格外温馨宁静。还有藏香猪从草坪上跑过。偶尔，水鸟飞过，留下一串空谷回音。月亮湖边，有一棵树龄百年的古银杏，鸟儿们在树上安家。

幽美的月亮湖畔，不少游人会选择在此露营。这里润润的新鲜空气，让人仿佛进入天然的氧吧，不由自主地就在此安放身心了。秋季来到这里时，层林尽染，红叶点缀山泉，溪流呈现浅蓝色，让人心醉。梦幻与现实难以分清，就更不想挪动了。搭一顶帐篷，品一杯随身携带的咖啡，偶尔藏香猪从脚边“哼唧”着走过，川西露营界的天花板的意味，在此刻，充分体现。

绝美风光在前方

月亮湖，足够诱惑人，但最好不要在此停步，前方还有更多惊喜。

月亮湖畔，有一条道路，这条道路，如今已经加宽，寻常车辆可通过。游人多选择找当地人用五菱宏光载着上山，或徒步上山。

乘车大概 10 多分钟后，蒸腾着热气的温泉出现在眼前。这里的温泉池共有五个，水温常年保持在 50 ~ 70℃，是泡野温泉的天然场地。有游客在此用温泉煮鸡蛋，不仅补充了体能，还别有风味。

温泉的旁边，有流着奶白色水的河流。为何这里的河水是奶白色，人们至今不得其解。河流前有瀑布。瀑布水雾飘忽不定，万木葱茏的山沟，仿佛披上轻纱，风情曼妙。

继续朝前走，进林子。林子前，有一片开着鲜花的草地，绿草如茵，周围山峦青松环抱，是野营休憩的理想场所。

过一座小桥，就能看到雪山下的湖泊了。湖畔平坦开阔，游人可以像扑进母亲怀抱一样奔向湖边的草地，草地平整干净得像修葺过一样。此处就是荷花海国家森林公园之旅的终点了。

站在湖边，湖水清澈透明，在阳光映照下，呈现出黄、绿、蓝等多种色彩，仿佛五彩宝石在发光。荷花海的水来自冰川。海子对面的山上，有一处长约 150 米、宽约 25 米的巨大冰川，终年不化。冰川呈月牙形，长年累积起来的白雪轻轻地覆盖着它冰冷的躯体，冰川前缘的冰蚀崖若隐若现。走近了，冰川前缘飘逸的褶皱状线状纹饰，像树木年轮一般，线条美丽而清晰，无声地述说着其发展形成过程和亿万年沧海桑田的变迁。在阳光的照射下，冰川白中透绿，绿中带蓝，晶莹剔透，耀人眼目，它与精致恬静的冰蚀湖交相辉映，动人心魄。荷花海是恬静的，也是活泼的。野生猕猴时常在此出没，运气好的时候，还会碰到野鸡。

对大多数的人来说，到此就不虚此行了。如果能再采摘一些野菜、菌子，就完美了。但对徒步爱好者来说，这还不够。从荷花海徒步去九龙县伍须海，才够满足。近年来，徒步爱好者们，开辟了从荷花海到伍须海的线路。美景，永远在前方。

荷花海路途瀑布

CHAPTER

中国独一无二的糜棱岩石林：墨石公园

道孚县墨石公园

2023 年，一条“who am I”的视频火遍全网。随着视频，恍若“异域星球”的道孚县墨石公园闯入人们的视野。它的故事，逐渐被人们所知。

墨石公园之前世

墨石公园，原叫八美土石林，位于道孚县八美镇。这个充满土味的名字，是当地人给石林起的。

在当地人眼里，石林是亲和的。他们甚至曾将石林里的石头误当作煤炭，取回了家烧火，结果发现这些石头无法燃烧。这些石头的外貌虽然和煤炭有相似之处，但和煤炭却是根本不同的。这片石林的形成，其实与地质断裂带有关。

青藏高原快速隆起时，地质断裂是必然的。甘孜州的鲜水河断裂带，就是其中之一。地质运动中，石头饱受各种力的作用，最终诞生了地质学上的一种石头——糜棱岩。糜棱岩其实并不是人们想象的岩石，它已成粉末状，十分松软，更像是泥。这种岩石形成之前的母岩是花岗岩与砂板岩，强烈断裂所产生的区域动力将坚硬的母岩挤压、碾磨，形成新的品种。而糜棱岩的形成，并不是人们眼前奇石的最终故事。糜棱岩后来的命运是，因青藏高原隆升而暴露于地表。随后，在漫长的岁月里，这些胶结疏散的岩土经历了流水的冲刷、风雪的铲刮、重力的崩塌及差异风化作用等种种“锤炼”，最终才形成了石林景观。石林景观仅在道孚县八美镇一带呈现，尽管鲜水河断裂带形成的糜棱岩带长达上百千米。这真可谓是世界地质奇观。

我国石林众多，但大多数是喀斯特石林、砂岩石林或者花岗岩石林，像八美这样特殊的石林极为罕见，全国仅此一处，因此被地质专家誉为“中国地质百慕大”。

过去，当地人对石林形成的原因并不清楚。在他们眼里，这些石林都是格萨尔王的将士。传说，当年格萨尔王征战凯旋时经过这片石林，不料被埋伏在石林中的敌人所偷袭，格萨尔王和将士们在石林中和敌军展开苦战。后来人们就把石林想象成战斗的将士们，称之为万剑穿空。又传说，格萨尔王苦战数日，口渴难耐，石林中突然涌出一股甘泉，解救了士兵，这股甘泉就被称为墨石神泉。

今天，随着墨石公园被外界所知，以及公园内地质博物馆的建造，当地不少人也知晓了石林形成的地质原因，但在他们心里，这片石林依然是格萨尔王的卫士。只是，今天的人们为石林带来了新的故事。

墨石公园之今生

2016 年 6 月， 道孚县八美土石林景区，更名为墨石公园景区。从此，开始书写全新精彩故事。正式亮相的墨石公园景区，集观光、体验、科考、科普价值于一身，被誉为“中国最美景观大道第八美”。

墨石公园由石林、地质博物馆、高原花海、白塔圣寺等景点

雪后墨石公园 胡廷辉 / 摄

构成。有的游人想深度体验异域星球，多拍一些大片，因此，抵达景区后，会乘摆渡车到达景区，从高往低走，如此一点儿也不费劲，可以保持充足的体力在石林里探险、拍片。而有的游人，为了多感受高原藏族风光，则选择徒步到景区制高点。沿途，青稞地、藏房，让人沉迷。尤其，秋季来到这里，金色的青稞田，散发着高原藏乡田园韵味，此时，在青稞田前随便摆一个姿势，都是一张绝美的照片。

在制高点可以俯视山中的风景。那些黑色的石头有的孤傲挺立，一柱擎天；有的插入沟谷，好似定海神针；有的参差嵯峨，巧夺天工；有的层次分明，错落有致。从不同的方位看又会呈现出不同的模样来。

墨石公园的岩石较为松软又富含钙质，经过天然的氧化之后会在不同的季节呈现不同的颜色，甚至在一天之中也是呈现多种颜色。阴雨天的时候，山体颜色更深，颇具神秘感。

从景区正门进入后，如果沿着栈道登上山顶的墨石亭，那么，可以看到山顶草甸上奶牛在安静地吃草，远处是连绵的雪山和蓝天。而传说由格萨尔王的王妃珠牡遗落的纱巾所形成的卡玛河则在山脚缓慢流淌，河水穿过石林景区，哺育出一片绿洲，给黑色的石林又增添了一抹绿色。在这些绿洲和草原之间还种植了大片薰衣草，景色美轮美奂，成为游客打卡胜地。

从墨石亭前行下山，进入到石林中，依次走完归云亭和江山亭，基本就逛完了整个石林。

从墨石亭到归云亭的路上，会路过沙棘果林。金黄色的沙棘果挂在枝头，引来鸟儿啄食。游人也可以摘来尝尝，有的人说很酸，有的人说像百香果的味道。沙棘果富含维生素 C，具有美容养颜的功效，深受高原女性同胞欢迎。

如果不去墨石亭，沿指示牌来到制高点江山亭，则可快速进入墨石世界。江山亭上有补给点，还可以在草坪上骑马。这里，可以将脚步放慢，慢慢地将身心安置于高原的石林、河流、草地、雪山中。江山亭前，有传说中解救了格萨尔王和其士兵的墨石神泉。游人在此掬一捧神泉水入口，清澈甘洌。

从墨石神泉下来是大草坪。草坪上有“异域星球”观景台，有出租宇航服的小屋。此时，可以到“异域星球”体会身在外太空的感受。

进入“异域星球”，墨色嶙峋的石头将人一下从此间世界带入了彼岸时空。枯寂、原初的感觉扑面而来，再穿一身宇航服，就真的在外太空了。身穿宇航服在此打卡，是不少游人的必选行程。

“异域星球”石林前，是藏骨沟。这里是电影《鬼吹灯之昆仑神宫》取景地。沟里“白骨”森森，枯木横斜。如此景象，瞬间将人带进古老神秘的空间。这让习惯了都市风景的人们，耳目一新。在此流连，也就是必然的。

在万剑穿空石林里，人们还可以和太空舱合影。走过万剑穿空，即可到达归云亭。归云亭前有草坡平地。草坡上，随时可见憨厚可爱的土拨鼠。土拨鼠，也是景区的一大特色。运气好了，还可以见到狐狸。

整个景区，如果徒步走遍，需要两个小时左右。景区步道迂回曲折、四通八达，可以任意行走，不会迷路。而在景区内，如果仔细观察，还可以看到道孚小檗、道孚景天、道孚杜鹃、道孚香茶菜、道孚虎耳草、道孚蝇子草、道孚龙胆、芒苞草八种珍稀植物。这八种植物，被称为道孚八绝。其中，芒苞草是国家二级保护野生植物，是十分古老而孤立的类群，具有重大科学价值。

墨石公园，真像矗立于川藏线上的惊叹号！不仅蕴藏着鲜水河断裂带的诸多信息，又以孤傲的身躯、奇异之美诠释着大自然的神秘力量。

CHAPTER 11

360 度雪山观景平台：鱼子西

鱼子西看雅拉神山 闫康生 / 摄

这是一处由网友率先发现的美景。经过了大众严选的鱼子西，必然不会让人失望。

鱼子西星空营地的邀约

鱼子西位于康定市新都桥镇附近，海拔约 4200 米。

新都桥是康定市的一个小镇。这里是甘孜州康南与康北的分道处，也是 318 国道与 317 国道的分路处。新都桥，还是旧时茶马古道上的一处重要驿站。过去，人们将驮运着货物的马匹赶到此处时，会在这里埋锅造饭，然后解开马身上的鞍鞯，让它们自由吃草。此时，离开家乡已多日的游子们，不由得唱起思乡的歌。有时，前方雪山封路，人们会在此停留数日。新都桥渐渐兴旺起来。

21 世纪初，来新都桥游玩的外地游人日益增多。探寻，是人的本能。游人到此后将脚步范围逐步扩大。鱼子西就这样没有预兆地闯入人们的视线。而鱼子西之所以最终能被人们“偏爱”，是因为这里的雪山。甘孜州，仅一座贡嘎山，面积就有 6000 余平方千米，围绕贡嘎主峰海拔 6000 米以上的冰峰有 45 座，5000 米以上的雪峰则难以计数。其余各县神山丰姿更不必提。众多雪山中，“蜀山之王”始终是人们所宠爱的。

近年来，以贡嘎山为中心，人们发现了不少极佳的观景平台，诸如子梅垭口、雅哈垭口、牛背山、四人同、光头山、王岗坪、黑石城、华尖山、娘娘山、红岩顶等。这些观景平台一经发现，便成为驴友和摄影爱好者的胜地。不过，这些观景台山高路险，要到达彼处，除了极佳的运气还得付出艰辛的努力。于是，经过广大户外爱好者的探索，鱼子西横空出世，在这里可以 360 度欣赏整个大雪山脉诸峰，且徒步、摩旅、自驾均可到达。

曾经，鱼子西是一处淘金点。康定解放前，国民党军队曾在此淘金。康定解放后，因交通不便，鱼子西淡出人们的视线，到目前为止，很多人都还不知道它。

鱼子西由三个村组成，分别为一村、二村、三村，鱼子西星空营地在鱼子西三村山顶。从新都桥镇出发，往东北方向行驶，依次走过鱼子西一村、二村、三村，以及半山腰的曲木寺，就能到达山顶。曲木寺寺顶金碧辉煌，距今有 700 多年历史，鼎盛时期，曾同时有 500 名僧人在此修行。静谧的山上，寺庙如童话里的古堡，下雪后尤其美丽。在此停车驻足，如果运气好，还可以看到寺庙举行佛事。

经过寺庙，一路的嘛呢石、转经筒，让人的心不由得虔诚起来。这不仅是一次雪山打卡之旅，也是一次朝圣之旅。当看见长长的七彩经幡飘扬的曲木寺垭口时，鱼子西星空营地观景台就在眼前了。

不过，来到鱼子西星空营地观景台，不要着急去和雪山相约。先在小木屋里休息，喝杯热热的姜茶或开水，让身体慢慢适应高原的气候。然后，就是和雪山相约的时候了。在雅拉雪山和贡嘎雪山间荡起秋千，在白色帐篷前席地而坐，绵延的山峰，将人的心带向远方，也带向高处。

夏天，日落时分，形状各异的云被烧得通红。雪山、天空、草原都镀上了一层金色的外衣，人的心彻底被温暖包裹。由于距离和视觉的关系，蜀山之王的风头被眼前更近一些的雅拉神山抢去。夕阳下，雅拉神山陡峻少雪的西坡冰槽如同莲瓣脉络，清晰遒劲，形成于2亿年前的花岗岩岩体透散着远古气息和圣洁辉芒，令人不禁想俯身顶礼膜拜。雅拉神山的妻子雅姆雪山温柔地依偎在夫君身侧，天地为之动情。此时，游人已彻底忘却都市的喧嚣，内心只剩下宁静和平和。

在自然界，海拔越高，星空也就越美。海拔4200米的鱼子西，是看星空的好地方。晴朗的夜里，整片天空星光璀璨。在鱼子西星空营地，和全世界最美的夕阳相约，让自己被雪山360度环绕，让星星在头顶作伴入梦，让日照金山唤醒惺忪睡眼……

在格底拉姆仰望星空

鱼子西星空营地火了以后，和它相邻大约5000米的格底拉姆，也闯入人们的视野。格底拉姆，由藏语音译而来，意思是“众多女神依赖的山神”。传说，女孩在此许愿，会得到山神庇佑，爱情与事业都会如愿以偿，心想事成。

去格底拉姆，可以由鱼子西顺路前行，也可以从新都桥出发。不过，路上要注意写有“格底拉姆天空之城”的标示牌。

天空之城，是当地人对格底拉姆的命名。格底拉姆景点，是当地人自发建设的。在当地人心里，这片神灵聚会的地方，就是天上的城市。当地传说，这里是神灵聚会之地，神灵在此相聚，

鱼子西观景台 闫康生 / 摄

分享他们所知的人间的喜怒哀乐。而当夕阳西下，天空被染成橙红色时，就是神灵离开格底拉姆的时候，他们带着对人间美好的祝福回到天庭。

如今，在格底拉姆，这里的人们又将最浪漫的事物带到世人面前。旋转木马、修斯顶灯塔、网红小木屋、山顶秋千、浴缸、经幡等网红打卡点，共同组成了这里最独特的风景。

到达山顶，脚下是绿油油的草地以及成片的紫色高山杜鹃，远处有牛群在吃草，再眺望过去，就是环绕的雪山以及绿意连绵的山群。在格底拉姆，同样可以将贡嘎雪山、雅拉雪山、雅姆雪山等美丽雪山群风光尽收眼底。

夜幕降临，停在草原上的巴士，将外出游玩一天的“星星们”接回家。此时，在海拔 4200 米的高度，乘坐在不能旋转的旋转木马上，提一盏马灯，人就走进了童话世界。童话世界不在书里，就在这里。

CHAPTER 12

在自驾中领略“圣洁甘孜”的大美

德格新路海

当夏天来临时，在康定城里会看到不少车身上写着“此生必驾318”的车队驶过。起源于20世纪中期的美国的自驾游，21世纪也在中国普及开。自驾，自由、轻松，而“此生必驾318”，也成为自驾爱好者们的一个梦想。

此生必驾318

318国道被誉为中国人的景观大道。每年夏天，正是自驾318国道的好时节。康定城，是自驾者们的必经之地。在这里，他们可以恢复体力、补给物品，逐渐适应高原气候。

到康定的自驾者们，有的会先到泸定再到康定。这样不仅瞻仰了革命先辈的风采、领略了泸定桥的气概，还提前适应了高原气候。在康定，休憩，给车加油，购买高原必备药品，可以在此住宿，也可以继续前行到折多山以西的新都桥住宿。折多山是川藏线上第一个需要翻越的高山垭口，有“康巴第一关”之称。这里，也是人们的打卡地。“折多”一词在藏语中是弯曲的意思，山如其名，折多山上的盘山公路九曲十八弯，来回盘绕就像“多”字。折多山上，人们常怀着虔敬之心，在此祈祷和祝愿。

翻越折多山，国家4A级旅游景区木雅圣地，首先将人们带进木雅公主的世界，让人们心情开始飞跃起来，慢慢忘掉世俗的一切。再往前，到达“摄影家的天堂”新都桥，这里能让人们见识到高原的云淡风轻。每当金秋时节，公路两边十里红叶，在蓝天白云的衬托下，美轮美奂。夏天，叶子还没黄，不过薰衣草花海不会辜负人们的期盼。

从新都桥出发，往南，沿318国道，一路在山岭中前行，不断与山相遇。过去，从新都桥到雅江，要翻越高尔寺山，如今高尔寺山隧道缩短了旅途，不多久就到悬崖上的县城雅江。雅江县被誉为“茶马古道第一渡”，绝对会将你的脚步羁绊。这里不仅有新兴网红景点“天龙湖”，还有早期的网红地康巴汉子村。康巴汉子村又名杰珠村，藏语里，杰珠意为“商道节点”，茶马古道曾从这里通过，因此康巴汉子村被历史学家誉为“康巴第一茶马古道驿站”。康巴汉子村距雅江县城有80多千米，坐落于西俄洛乡政府所在地。村里的汉子体形剽悍，粗犷豪爽，轮廓分明，头饰独特。一个汉子的头饰可重达20多斤，而身高1.85米以上的汉子随处可见。康巴汉子村的汉子，为何如此高大威猛，至今仍是个谜。2003年的川滇藏艺术节上，雅江西俄洛的康巴汉子大放异彩，名震中外。从此，来康巴汉子村一睹康巴汉子风采的人们，络绎不绝。

此外，到了雅江县，还可以在帕姆岭生态旅游区体会一把投喂藏马鸡的快乐。帕姆岭被誉为“观鸟天堂”，鸟的种类和数量十分惊人，代表鸟类有藏马鸡、四川雉鹑、血雉、大紫胸鹦鹉等。由于长期与人和睦相处，各种小鸟会飞到游客的手上、肩上来鸣叫觅食，人不怕鸟，鸟不怕人，堪称人鸟和谐相处的天堂。在帕姆岭，观鸟，观日出、云海、霞光，眺贡嘎雄姿，是自驾318国道的难忘记忆。

离开雅江，经天路十八弯，过剪子弯山，再过卡子拉山，就会来到理塘。天路十八弯十分考验驾驶技术，需小心行驶。沿

雅江帕姆岭风光

途，会和骑着单车或徒步进藏的年轻人相遇，此时，318 国道不仅是观光之旅，还是朝圣之旅。路上，会经过尼玛贡神山观景台，旁边是刻着“尼玛贡神山”的大石头，大石头上还刻着“318 进藏第一高原”，是自驾者们的网红打卡点。

来到理塘后有两个选择：一是继续沿 318 国道去巴塘，接着进入西藏；还有一个选择，则是去稻城，去亚丁。这两个选择，都会经过青藏高原最大的古冰体遗迹，即“稻城古冰帽”。这片古冰体遗迹，又被叫作海子山，是迄今为止发现的世界典型的大规模、高海拔的古冰帽遗迹，堪称世界古冰帽地质公园。2008 年，海子山被国务院批准为国家级自然保护区。此山共有大小湖泊（海子）1145 个，其湖泊规模密度在我国是独一无二的。海子山真实地记录了青藏高原从海底隆起成为世界屋脊的过程。这里有角峰、古冰斗、U 形槽谷、冰蚀洼地、冰斗湖等类型丰富、形态完整的冰蚀地貌，也有终碛堤、侧碛堤、冰川基碛、蛇形丘、羊背石、冰川漂砾等完整的冰川堆积地貌。经过这里的人，都会被深深震撼。来到这里，仿佛来到天地初开之时。漫山遍野的花岗岩巨石，如异星遗迹，又如古战场。1000 多个海子如上帝失手撒下的 1000 多颗钻石闪烁在山间。

经过天地苍茫的海子山，来到巴塘，人心一下就柔软了。巴塘，是中国的弦子之乡。这里气候温和，海拔 2240 米，非常适合人居住。因此，各民族在此共同生活，创造了灿烂的文化。

措普湖，位于巴塘县措普沟国家森林公园内。这里集雪山、森林、湖泊、温泉、牧场于一体，颇具瑞士风情，被称为“隐世天堂”。公园内，尤为神奇的是措普湖边喊鱼。措普湖被森林环

巴塘措普沟花海

海子山姊妹海

巴塘措普沟岩羊

夏日海子山

绕，湖水清碧亮丽。湖边的森林里有很多珍禽异兽，湖里有成群的鱼儿自由穿梭。湖中生长着许多高原裸鲤鱼和细鳞花鱼，不过，当地人从不捕杀这些鱼类，湖中千百年来一直保持着原始生态。如今，当人们站在插有许多嘛呢经幡的湖边，向湖里发出“呜呜呜”的叫声时，鳞光闪闪的鱼群就会蜂拥而至，争抢人们投下的食物，而当人把手放入水中时，便会有许多鱼来“亲吻”手指，或跃出水面向人行“见面礼”，人鱼和谐相处。

当然，措普沟热坑温泉，也是一道奇观。措普沟热坑温泉，不是一处温泉，而是温泉群。大大小小的泉眼，形态各异，散落在山坡上、公路旁、森林中、田野里、悬崖下、河水边，弥漫在整个山谷，升腾着一股股热气。热坑温泉富含矿物质，对皮肤病、风湿病等有特殊的疗效，是远近闻名的“药泉”。热坑温泉中，最独特、最壮观的莫过于远近闻名的三口间歇泉。最壮丽的间歇泉，每天只喷发一次。喷发时，水柱高达四五米，蒸汽直冲云霄，在阳光的照射下，形成绚丽的彩虹，无比壮观，水柱的水温近 100℃，可以煮熟鸡蛋，是整个青藏高原上最热的温泉。在这里泡一次温泉，自驾 318 国道所有的疲惫和辛苦，都会化为前行的力量。

与 318 国道并驾齐驱的 317 国道

能进入西藏的，不仅有 318 国道，还有 317 国道。317 国道，也被称为“川藏北线”。

从新都桥分路，往北而行，进入甘孜州的北路。如果说，甘孜州的南路，是在一座接一座的山之间行走，那么，甘孜州的北路，就是在一片又一片的草原间自由驰骋。

如康北第一站，道孚县。迎接人们的有玉科大草原、龙灯大草原。龙灯大草原，分布于川藏公路两侧，赫赫有名的格萨尔王曾在此安营扎寨，因而被当地人称为“格萨尔通”。龙灯大草原坦荡如砥，每年要变换 12 次颜色，每一次改变都令人心醉，美艳无比。玉科草原，则被誉为“康巴阿勒泰”。这里蓝天、白云、雪山、林木、草原、溪流融为一体，是一幅极为罕见的天然画卷。相传，这里有大小 360 座神山，有 360 个神奇的故事，还有众多具有天然疗效的温泉池。每年的 6 月、7 月是玉科草原最美的时候，草原上开满了随风摇曳的野花。

欣赏完道孚县的草原，随后的炉霍县宗塔草原正在前方等着你。宗塔草原一望无际。每年春天至中秋时节，这里百花争艳，如同一片花的海洋。与人类和谐相处的狐狸、旱獭、野兔奔跑穿行于茫茫草原，欢快无比。

甘孜县的达通玛草原，天高云淡，恰似蓝天下一块巨大的绿毯。成群的牛羊恰似点缀其上的朵朵鲜花，辽阔悠远的美，令人如痴如醉。草原上有虫草、贝母等名贵药材，还栖息着马熊、獐子、盘羊、鹿、黄羊等野生动物。

新龙县的拉日马草原，牛羊成群，风光旖旎，特别是春夏时节，草地上开满了各色野花，淡淡的花香沁人心脾。这里还有佛塔群，蔚为壮观。每年的 7 月、8 月，人们从四面八方涌入拉日马草原，在这里举行盛大的赛马活动和物资交易会。

道孚协德乡风光

石渠县的扎溪卡草原，是草原牧区风情保存最完好的地方之一。这里的草原一望无际，牛羊遍地，是花的海洋，也是野生动物的天堂。水边有一对对黑颈鹤在起舞，山间有群群白唇鹿在奔跑，岩羊在峭壁上跳跃，金雕在天空中翱翔……每年的 6 月至 9 月，是草原最美的季节，也是“耍坝子”的好时候。草原上星星点点搭起了许多蘑菇似的白帐篷，人们穿上民族服装，骑着高头大马，带着牦牛肉、酥油糌粑、青稞酒，来到草原上尽情享受生活，沉醉于天地之间。

在 317 国道上，从一片又一片的草原经过，会明白，为何川西高寒草原被《中国国家地理》杂志评为“中国最美的草原”。

沿途，美丽的，不仅有草原，还有湖泊。如炉霍县的卡萨湖。这里是川藏北路最大的水鸟栖息地，产卵季节，湖缘就变成了天然蛋场。湖区生物繁多，数十种水鸟在湖面结对嬉戏，特别是丹顶鹤的高低鸣更是动人心魄。此外，雀儿山下的新路海是极美的。新路海藏语名为玉龙拉措，玉是心之意，龙是倾慕之意，拉措是神湖。相传，格萨尔王爱妃珠牡来到湖边，被秀丽的湖光山色和幽静的环境所吸引，徘徊湖边流连忘返，她那颗眷念美丽河山的心就像沉入了湖底。后人为了纪念珠牡，将这个湖泊取名为玉龙拉措。新路海及周围生态原始、完整。晶莹的大型冰川从海拔 5000 米的粒雪盆直泻湖滨草原，极为壮观。湖岸边有许多巨大的嘛呢石，石上精美的六字真言倒映在粼粼波光中，散发着神秘的魅力。

除草原、湖泊外，317 国道还是民族手工艺长廊。

从新都桥分路后，经塔公草原，进入道孚县内，这里的藏族民居匠心独具。沿鲜水河往上，到了炉霍县，就进入了唐卡艺术

草原帐篷城

炉霍卡萨湖

之乡。这里风格各异的唐卡绘画，将人带进藏族独特的审美中。而由炉霍县出发，沿 317 国道前行，经甘孜县，再到德格县，就进入了传统民族手工艺之乡德格县麦宿镇。这里汇聚着木雕、泥塑、彩绘、铜铸等各种藏族传统手工艺，让人大饱眼福。如果，由炉霍前往色达，去往心中的圣地，会领略到格萨尔彩绘石刻技艺。

过去，从甘孜县到德格县，要经过雀儿山。而高高的雀儿山，不知挡住了多少人前行的脚步，现在，一条 7000 米长的隧道，让天堑变成了通途，到德格不再难。因此，由德格进入西藏，也变得容易。317 国道，也成为人们自驾旅行的一条新宠路线。

甘孜县是中转站，从甘孜县出发，能到达的不仅是德格县，还有新龙县、白玉县、石渠县。从甘孜县出发，翻过卓达拉雪

新龙石板藏寨 胡廷辉 / 摄

山，就能到达格萨尔王的兵器库白玉河坡。而和白玉县相邻的新龙县，则有单孔藏式伸臂桥波日桥。该桥是雅砻江流域唯一一座藏式伸臂桥，也是藏族聚居区保存最完整、跨度最大的伸臂式木石质结构桥，堪称桥梁建筑史上一大奇迹，有“康巴第一桥”之称。该桥建于清朝，不用一钉一铁，圆木、卵石相间，树藤相缠，叠切为墩，从两岸逐层悬挑，在悬臂上架横梁铺桥板，最后装上木制栏杆而成。该桥充分展现了藏族聚居区人民卓越的创造力及古代建筑的高超技艺。

自驾 318 国道、317 国道，会深深理解何为一步一景。这里，没有一处地方会让人失望。

环贡嘎山自驾

318 国道、317 国道，即川藏南线与北线，是甘孜州内的两条大自驾线路。沿这两条线路，不断与名山、草原相遇，与人和自然和谐相处的香巴拉之境相遇。而在甘孜州内，从康定出发，还可以做环贡嘎山的短线旅行。

从康定出发，经新都桥、雅哈风景区、子梅垭口，到甘孜州的九龙县。子梅垭口位于康定市贡嘎乡，海拔 4550 米，这里是近距离欣赏蜀山之王贡嘎雪山的绝佳之地。而九龙县内，同样美景多多。这里有洛克笔下神秘的猎塔湖，还有让人想到小说《三体》情节的伍须海。伍须海，当地群众称它为“仙女梳妆的明镜”，秀美如玉。湖泊周围有 12 座形如少女的山峰，与伍须海遥相呼应。傍晚，在一抹斜阳的映照下，十二姊妹峰的倩影和湖周围的原始森林倒映湖中，让游客犹如置身仙宫，当地人将此景喻为“仙女回宫”。每年 6 月，九龙县会在伍须海边举行汉、藏、彝等民族共同参加的“游海节”。由九龙前行可以进入石棉县前往凉山州的西昌市；也可以返回康定，经新都桥、塔公草原，在道孚县的八美镇分路，去丹巴藏寨，再由丹巴藏寨到阿坝州小金县或甘孜州泸定县，最后返回成都。

游客还可以选择更密切环绕贡嘎山的旅途，这条路线也是自驾者们的最爱之一。沿这条路线自驾一圈，能遇见四川三分之一的美。这条路线，大致是从康定出发，翻折多山到新都桥，经雅哈垭口看泉华滩，然后到康定市玉龙西村、上木居村、子梅垭口、贡嘎寺，再经巴旺海到石棉县草科乡再到磨西古镇看贡嘎

九龙县伍须海

碧水红石

雅加情海晨光

雪山，之后经雅加埂红石滩沿榆磨公路回康定，回成都。这条路线，紧紧围绕贡嘎山，旅途不辛苦，而随手一拍，都是大片。其中，玉龙西一带泉华滩，布满了以高山河谷草甸和因钙化作用形成的五彩缤纷彩池。子梅山，原始森林和大叶杜鹃长遍山梁和河谷。巴旺海，是贡嘎山区最大的古泥石流堰塞湖，周围环境原始，犹如侏罗纪时代。贡嘎寺，是距贡嘎山主峰最近的寺庙，是观赏贡嘎山主峰的最佳位置，贡嘎日出、贡嘎云海等奇景尽收眼底。

在甘孜州，无论怎样选择，都不会后悔。哪怕是做最小圈的环贡嘎山自驾。从康定出发，沿榆磨路，经雅加埂、红石滩，到海螺沟冰川公园之后即返回成都，也可以尽情领略“情歌城”和冰川的美。

CHAPTER 13

甘孜州的名寨

丹巴中路春色

在甘孜州，让人流连忘返的，不仅有壮阔的山川、河流，还有隐在山野间的古村落。截至目前，甘孜州共有94个国家级传统村落，268个省级传统村落，总量均居四川省第一。这些村落不仅承载着高原人的乡愁与记忆，还以悠久的历史，独特的自然、人文风貌，在藏族聚居区，乃至全国都独树一帜。如泸定县岚安乡昂州村。昂州村，位于古代茶马古道重镇泸定县岚安乡腹地。宋代时，该村即形成了现今依旧保存完整的碉堡建筑群，建筑群巷道纵横、屋高巷深。碉碉相连为街，间隙为巷，巷与街，构成了完整的岚安古寨。如甘孜县根布夏村。根布夏村拥有许多历史遗迹、自然名胜和红色文化、宗教文化。明末清初，根布夏村是“茶马互市”大驿站，1925年成为康北重镇。该村民房建筑结构及布局基本保持原有风貌，官寨建筑依然气势恢宏，甘孜寺建筑风貌基本保持藏传佛教建筑传统特色。如得荣县阿洛贡村。阿洛贡村，位于金沙江峡谷底部，受明朝纳西族驻军和移民带来先进农耕技术的影响，当地居民开沟架渠，建设梯田，种植红米水稻。历经400余年的水利网络和水磨坊等水利设施至今仍发挥着重要作用。纳西土碉、经堂、白塔、嘛呢石堆构成村庄的内部空间布局，与溪流、茶马古道、梯田等环境要素有机融合，营造了金沙江干旱河谷中难得的绿洲和良好的人居环境。众多古韵美景中，以下村寨尤为出彩。

中国最美乡村古镇：甲居藏寨

甲居，藏语是“百户人家”之意。2005年，由《中国国家地理》杂志组织的选美中国活动中，以甲居藏寨为代表的“丹巴藏寨”被评为“中国最美的六大乡村古镇”之首。

丹巴县，素有“千碉之国”的美称。全县现存古碉数量种类之多、建筑之奇，堪称全国之最，世界罕见。关于碉楼的功能，传说最初是用来伏魔的，后来才与战争相关。这里有乾隆皇帝攻打金川的传说。后来高碉成为当地的一种特殊文化，谁家生了男孩，都要修筑高碉。碉楼主要集中在河谷两岸，与村寨民居融为一体。碉楼外形美观，碉基牢实。一般为四角、五角、六角、八角，甚至还有十三角，用泥土和天然片石建造而成。“碉楼”“藏寨”“美女”是丹巴三绝，2020年，丹巴县甲居藏寨入选“2020中国百佳避暑康养金地标榜”，丹巴又增加了“一绝”。

集丹巴“四绝”于一身的甲居藏寨，距丹巴县城约8千米，交通方便。盘山而上，翻过山梁，仿佛走进了一个童话世界。古老的柏树苍翠碧绿，藏房错落有致，山顶云雾环绕，山腰溪水潺潺，山脚大河奔流。藏寨对岸，山峰笔立。藏寨所处的卡帕玛群峰，如同胸怀宽大的母亲，呵护着全寨。

沿观景平台依次而上，可尽情饱览寨子全貌。其中3、4、5号观景台，是不少游客的打卡点。站在观景台上望去，藏寨依照山势，从河谷层层向上延伸，藏房或坐落在高山悬崖上，或建造在河坝绿茵间，迤逦连绵，一直延伸到山脚。蓝天下，藏房晒台上，红红的辣椒展示着日子的红红火火。如果春天来到这里，被梨花、桃花装扮的藏寨，就是人间仙境了。夏天，袅袅的炊烟飘荡在碧绿的麦田里，田园牧歌式的画卷就展现在人们眼前。而秋天，五彩斑斓的藏寨，就是一幅油画。当然，冬天，这里就更美了。

藏寨里的道路四通八达，有时，一不小心，就从观景线路转到了村民家。此时，藏房触手可及，也看得更真切了。这里的藏房，有的已数百年。一户人家住一幢藏房。藏房一般坐北朝南，有的三五成群，相依相偎，有的远离群楼，孑然独立。这里的碉楼，多为四层，按照传统格局修建。藏房的木质构架部分和屋檐均为红色。二层以上的墙体刷白色或墙体原色与白色相间。藏房造型独特，色彩明快，与蓝天、白云、绿树、青山互为衬托，与自然环境融为一体。楼顶四周砌有小塔尖，塔尖上插有风马旗，旗面除了经文还绘有驮财宝的羊、马、牛。有的房体墙上，还画上日月星辰等各种吉祥图案。而每年春节前夕，人们还会以当地的“白泥巴”为主要原料制成白色染料，精心涂染墙面，使整个藏房披上洁白的盛装。

虽然时代在不断发展，甲居人却始终保持着传统建筑方式。尽管在细节上有所改变，但没有影响整体风格。这给习惯了钢筋水泥、高楼大厦的人们，带来强烈的视觉冲击。来到甲居藏寨，也就进入了丹巴人的生活。沿观景路线前行，可以看到这里的人们所敬奉的神山。

在甲居藏寨，会与美女在转角处不期而遇，“空谷有佳人”。这里的美女通常不施粉黛，她们天生丽质，皮肤水嫩，体态婀娜，所以甲居藏寨有“美人谷”之称。据说，丹巴县是古东女国

丹巴藏寨

之都。史籍中记载东女国的存在时间主要是在唐朝。传说，当时青藏高原上有东、西两个以女性为中心的女权政治实体，东部的即东女国。东女国有很多碉楼，女王住九层的碉楼，一般老百姓住四五层的碉楼。东女国最大的特点是重妇女、轻男人，国王和官吏都是女人，男人不能在朝廷做官，只能在外面服兵役。宫中女王的旨意，通过女官传达到外面。东女国的女王，由族群内部推举的有才能的人担当。一般家庭也是以女性为主导，以母亲为尊，掌管家庭财产，主导家中一切事务。《旧唐书》有关于东女国的详细记载。据学者们考证，今天四川省甘孜州的丹巴县至道孚县一带就是《旧唐书》记载的东女国的中心区域之一。

东女国消失在了历史长河中，然而，其风俗却流传了下来。如今，丹巴县依旧保留着东女国的许多文化遗风。其中，典型的如女孩的成人礼。每年 5 月，人们还都会在古寨碉房下，为年满 17 岁的女孩举行盛大隆重的成人礼，全寨男女老幼献上哈达，载歌载舞，而男孩是没有这种待遇的。

成人礼在嘉绒藏语中称为“几萨”，意为“穿成年新装”。当地汉语俗称“戴角角”，指行成人礼的女孩要梳扎像牛角一样的发束。女孩行过成年仪式之后才算成人，才能够恋爱结婚。所以，成人礼对每一个嘉绒姑娘来说都是人生中的一件大事。举行成人仪式的当日，村民和亲朋好友，都聚集到寺庙或碉楼下。参加成年礼的女子一大早就开始梳洗打扮。当天，女孩会梳上发辫，戴上镶嵌着珠宝的发箍。并将发尾缠绕在脑后一根长约 45 厘米、粗约 2 厘米的发簪上，这是女子成年礼上必戴的标志性饰物，也是“戴角角”叫法的来源。

当天，德高望重的长辈主持礼仪，为参加成年礼的少女们祈祷。当桑烟袅袅时，人们共同向即将迈入成年的少女们送上祝福。此时，主持人、女子父母或亲属分别向她们献哈达，少女们也分别向主持人和父母回敬哈达，同时分别向主持人、父母、亲朋好友敬酒。仪式到高潮时，人们便排开对歌，围起圆圈，跳起锅庄，尽情欢娱。

藏族聚居区最大的古老民居群：千户藏寨

千户藏寨位于理塘县城中的老城区，是理塘县勒通古镇的主体部分。千户藏寨，由 13 个藏寨 4000 余栋藏房组成，是世界上规模最大的传统藏寨群落。从明清以来，这里一直都是茶马古道上的贸易重镇。

千户藏寨的房屋都是用石木建成。在藏寨中，历史最为悠久的是仁康古屋、芒康古屋、嘉仁古屋，以及芒康古屋后的一栋不知名的老宅。其中，仁康古屋是最为著名的。在千户藏寨主入口处，可以看到一块石碑，上面刻着慈祥的母亲抱着刚出生的婴儿的画面，讲述的是 13 位母亲与她们的婴儿的故事，象征着母与子的缘分，这些婴儿后来都成了高僧大德。这 13 位母亲和 13 个婴儿的故事，都在仁康古屋中发生。

仁康古屋，也叫“七世达赖故居”。始建于 16 世纪中叶，至今已 400 多年。在这 400 多年中，仁康古屋先后降生过 13 位德高望重的大活佛，其中著名的有七位，因此，在仁康家的门上能看见七个用檀香木做的木球。如此众多著名的活佛出生在同一屋子，这在藏族聚居区是非常罕见的，仁康古屋因此闻名遐迩，成为藏传佛教的朝拜圣地。

古屋的墙体由黏土、砂石、石灰三合土夯筑而成，非常厚实，经过 400 多年的风雨，现已斑驳，如同自然生成的山壁，与现今的理塘民居截然不同。古屋和普通民居一样分为两层，一层是七世达赖喇嘛降生的地方，绳子上系满了信众进献的哈达。古屋不仅是活佛的转世之地，还收藏着很多文物。二层的经堂内，陈列着七世达赖喇嘛的塑像、理塘版《大藏经》经版等。曾经的卧室改成的陈列馆里，展示着七世达赖喇嘛自画像以及他使用过的金汁经书、手鼓、袈裟以及清雍正御赐霁蓝釉云龙纹梅瓶等珍贵文物。

游人如织的理塘千户藏寨 汪堆 / 摄

走进仁康古屋，就走进了庄严的氛围中。而距离仁康古屋数米的康巴人博物馆，又让人放松下来。康巴人博物馆，是目前藏族聚居区第一个蜡像博物馆。

占地 200 多平方米的理塘康巴人博物馆，由已有 400 多年历史的古屋改造而成。这里的一砖一石，都浸润着数百年的康巴文化。该博物馆最初是理塘县的民俗展览馆。展览馆里保存着第十九代云南丽江土司留下的马鞍，这也是现博物馆的镇馆之宝。除原有珍贵文物外，博物馆还按照康巴人面貌特征定制了 21 尊蜡像，并发动理塘本地人四处收集羊皮袄、氆氇、金花帽等旧时服饰及生活用品，原汁原味还原康巴先人的形象和生活场景。

走进康巴人博物馆，可以看到茶马互市时人们袖内交易的场景，讨价还价打着秤的藏商，驮着茶叶、丝绸、草药的牦牛骡马。而转过身，就邂逅拉弹弦子、书写藏文的康巴汉子，还会遇见织布机前编织羊毛氆氇藏袍的藏族姑娘……这里，小到一只茶碗、一块银圆，全部都是真正的老物件，让人的指尖能真实地触摸到过去。

博物馆里，温馨与亲切包裹着人。而从康巴人博物馆走出，漫步街上，则会不由自主地感动。

仁康古街是世界上第一条以仓央嘉措一生重要节点来打造的一条街道。第六世达赖喇嘛仓央嘉措写下“洁白的仙鹤啊，请把双翅借我，不会远走高飞，只到理塘一转就回”这绝笔诗篇，预示了第七世达赖喇嘛将降生于理塘。1708 年，第七世达赖喇嘛格桑嘉措在仁康古屋内出生。走在仁康古街上，仓央嘉措壁画、仓央嘉措诗歌，扑面而来。漫步在这条石板铺成的古街上，曾经“雪域最大的王，世间最美的情郎”的一生，逐渐弥漫上心头。而走进仓央嘉措主题微型博物馆，穿过悬挂重重帷幔的仓央嘉措诗歌林，眼泪就再也无法控制了。“在看得见你的地方，眼睛和你在一起；在看不见你的地方，心和你在一起。”想来，世间每个人都愿被这样温柔以待吧！

318 旅行记忆博物馆，也同样会让人落泪。博物馆里，展示着或徒步或拼车或骑行或自驾的年轻人的身影，以及前往拉萨的朝圣者们三步一磕头的样子。在这里，人们寻找生命真相的虔诚，让人动容。

全国唯一的鱼通人官寨：鱼通土司官寨

在距离康定城约 50 千米的大渡河畔，有大约 7000 人，他们被称为“鱼通人”。至今，鱼通人的来历仍是个谜。

有的学者认为，鱼通人是藏族的一个特殊族群，有的学者则认为藏语“鱼通”就是“缠头的人”之意，而鱼通人头顶戴帕的习惯似乎留有羌族服饰的影子，因此，极有可能是秦汉时期从黄河流域南下的古羌人的一支。而当地人也说，他们是“从上面下来的人”。至于上面是哪里，就无法说清了。不管来历如何，鱼通人一直在长不足 20 千米、宽不足 1 千米的地域内，在周边民族的包围下，以自己的方式生活着，成为大渡河畔的一道亮丽风景。

鱼通人有独属于自己的语言——“鱼通话”。这种语言，学界将其叫作“贵琼语”。“贵琼语”不与藏语、汉语相通，只在鱼通当地使用，外人很难听懂。

在鱼通，人们头顶戴帕的习惯至今不变。女性戴帕，男性则用青布缠头。也许，因鱼通人的独特性，人们也把他们生活的地区叫作鱼通。因此，鱼通一词，是地名，也是族群名。鱼通有形容传统服饰的俗语：“半肚子火镰子腰间挂，长衫子皮褂子身上穿；裹脚草鞋脚上有，头帕子通梢子再添彩。”过去，男子身上，大盘头，阔腰带，粗绑腿，出名的三道箍打扮配半肚子皮包和裤刀，外加如铠似甲的皮褂，威武得很。女子则彩穗头帕绣花鞋，长衫前襟短后襟长，上山下河飘飘欲仙。如今，男子的全套打扮不易见到，女子则依然彩帕长衫地行走在大渡河畔的山谷里。

鱼通官寨所在地

鱼通女人是能干的，是自由的。过去，康定有民谣：“东关上的风，瓦斯沟的葱，要讨婆娘下鱼通。”勤劳、贤惠、美丽的鱼通女子，是男人梦寐以求的新娘。鱼通女子也的确不负人们的赞誉。来到鱼通，只要看到当地女子背着“皮勒勒”在山上地里劳作，就可以想象得到她们的能干。

“皮勒勒”，是鱼通下地干活的人必备的物品。所谓的“皮勒勒”其实是一根皮绳，一端勒在头部，另一端绑住重物，从脑后自然垂在背上，用额头承重。它是鱼通人独特的负重工具。一般负重 40 斤以上的时候，他们都会采用这种方式来背负重物。有人能用“皮勒勒”背 500 斤重的东西。鱼通女子将“皮勒勒”背在背后，系带横在前额，极具风情。

鱼通人生活在山里，蜜蜂是他们的好伙伴。蜂蜜，是不可多得的珍品。家酿的酒伴上酥油和野蜂蜜，经常饮用，能壮筋骨，旺精神。鱼通人将房前屋后的李子、樱桃摘来酿酒。家酿的酒纯天然，无勾兑，加上大山的珍品酥油、蜂蜜，岂能不延年益寿？所以，在鱼通，哪怕花甲老人，看上去都是精神抖擞的。

鱼通山高，山上种菜不易。鱼通人就将青菜、芫根做成酸菜，一年四季都有得吃。“三天不吃酸，走路打穿穿。”喝酸菜汤，是鱼通人的习惯。鱼通人懂得怎样和山相处，物尽其用，绝不浪费。他们的三吹三打火烧玉米馍馍夹肥猪膘，扛饿又有营养；而用当地的“白泥巴”点的石磨豆花，则是难得的佳肴。此外，瓜瓜洋芋二季豆、雪豆腊猪蹄、金裹银、炒门扇肉、粉蒸肉、酸菜面皮子……无一不是美味。鱼通人在山里，依靠大山的馈赠，滋养着自己的日子。

如果新世纪的风没有吹到鱼通，鱼通人一定会继续在山上放养香猪，在乱石间隙中点播芸豆、黄豆、荞子、玉米，累了，男人抽一口兰花叶子烟，女人则围着跳一圈锅庄，自由、自足地生活着，不管那片土地上土司有或无，兴或衰……

2018 年，康定市以土司官寨为核心，在麦崩乡日央、为舍两村，集中打造具有鱼通文化特色的民宿旅游项目。麦崩乡是鱼通文化的核心区域和鱼通土司官寨的所在地。

驱车沿大渡河逆流而上，沿途有大渡河峡谷里的芦苇和山上的仙人掌为伴，再经过一道写着“鱼通官寨”的石砌大门，沿着盘旋往复、愈行愈高的山路往前走时，鱼通官寨就不远了。

顺着山路，当一个宽阔的广场出现在眼前时，鱼通官寨的主要景点就近在咫尺了。踏上栈道往下看，会看到一段像头朝右躺

身着民族服装的鱼通妇女

的“Z”字形且呈圆弧形的河湾，以及两边顺水凹凸的山麓，那是“大渡河第一湾”。一帧雄伟中不乏险奇、秀美的动人画面，在人们毫无准备之时，跳进人们眼帘。栈道很长，有 2800 米，给了观光者走到不同的位置观看、拍摄的自由度。在栈道上，可以看到的不仅有大渡河第一湾，还有远处的贡嘎群峰，近处的鱼通人民居。

鱼通人的房屋，依山而建，到今天为止，他们大多还居住在木石材质、堪称“活化石”的传统建筑里。石头堆砌的建筑彼此雷同，格局一致，层层叠叠如同一个庞大的迷宫，别有风味。

栈道连着村民的房屋，沿路开着花。花海主要由轻盈飘逸、色泽明丽的格桑花组成，间以柔软似绸的虞美人、别致优美的矢车菊。顺着花的指引，不自觉地就来到了鱼通人中。

远远地，会有人对来客打招呼。随着招呼，不觉就走进了鱼通人的家里。鱼通锅庄、鱼通山歌，迎接着远方的来客。和在康定广场上看到的锅庄不同，在这里，跳锅庄前，人们先摆好一张供桌，桌上放好腊肉、米、酒，腊肉上还要插香，仪式感满满。随后，人们手牵手在供桌旁围成一圈，合着哼唱的歌谣，跳起传统的舞步。

和当地人一起跳了锅庄，鱼通人的世界也就走得深入了一些。而如果能在鱼通民居里做客，也就大踏步跨进了他们的天地。如今，在鱼通，既有高端的在原来破旧房屋的基础上以红黄绿为主色调重新打造的文艺休闲地，也有原汁原味的民房。那些民房有雕刻着龙头的屋檐，还有雕刻着太阳、月亮、星星、花、鸟、鱼等图案的锅庄石。当然，还有那土司官寨的遗址。随便选择一处，都可以走进一片从未进入过的时空。村里人好客，会对客人讲述你想知道的故事。

在鱼通人的家里，剥着核桃，烤着柴火，听老人讲茶马古道，讲土司的故事，讲乾隆打金川……最后，老人还会说一句：没有千年的人，只有千年的话，说者说，听者听，当不得真的。

被央视赞誉的世外桃源：色龙仙居

康定，不仅城市是光彩照人的，那些隐藏在乡间的村子在被人们所知后，同样如此。如康定市色龙村。

“色龙”，藏语意为“藏匿深山的村庄”。曾经的色龙村，

色龙村乡间小径上的村民

色龙村人家

的确村如其名，藏在深山里，极少有人知晓。

色龙村，一个有400多年历史的村子。之所以说村子已存在400多年，是因村里一座已修建400多年的寺庙扎西多吉寺，而有庙差不多就有了村，所以村子至少有400多年了。

色龙村，距离康定市110千米，如今只需要两个小时左右的车程。而在未修通盘山路、未修通色龙隧道之前，康定到色龙村需要多少时间就不清楚了。色龙村，被大山包围着。大山之外，看不到村子。不熟悉康定地理的人，绝难想到，大山之内别有洞天。

色龙村的祖先选择定居在这片土地，这里气候宜人，植被茂密。森林里有虫草、天麻、贝母等名贵中药材，还有野牛、小熊猫、大熊猫、白唇鹿等珍稀动物。色龙村的先人将村后的大山叫作大菩萨山，而与村子相对的大渡河对岸的山，他们将其叫作空卓达山，大意是神女山。空卓达山，到了冬季会下雪。雪后的神山，来年会给人们带来丰厚的礼物，雪山上的虫草品质上乘，更受欢迎。

色龙村四面大山，中间是宽阔的土地。在这片土地，人们可以种玉米、小麦、荞麦等。大山里流出的溪水，灌溉着土地，足够人们自给自足。山上的涓涓溪流，让村里的水源刚刚好，既不会有严重的旱灾也不会发生洪涝灾害，也没有地震、雪崩。这样的地方，真的是人间仙境。

色龙村的先人就这样定居下来了。他们保持着嘉绒藏族的生活习惯以及语言。色龙村注定不可能只有一个族群。它的地理位置，处于丹巴县与鱼通土司官寨之间，和鱼通人交往、通婚不可避免。加之，动乱的岁月里，几户从遥远的地方逃荒而来的汉族人家加入，最终造就了色龙村独特的景致。

友爱，是色龙村人由内而外散发出的气息。走进色龙村，其实最让人吃惊的，不是这里的风光，而是村里人的精神面貌。在村里随便遇到的一个人，都是友爱的，而且那种友爱，不是表面的，是由内而外的。看到色龙村人，真的会让人想起“黄发垂髫，并怡然自乐”。过去封闭的日子，没有让色龙村人变得狭隘，而是养育出了干净的心灵。在外面见惯了太多面具式微笑的人们来到这里，一定会有如释重负、回到家园之感。

色龙村人的友爱，是在长期的包容与慈悲中形成的。村子最早的四户居民嘉绒人，他们划地建房，在色龙村开辟家园。他们可以说是色龙村的“主人”。然而，这四户人家，并没有将自己视为“主人”。当从很远很远的地方来的汉族人，对他们讲了自己家乡遭遇的兵荒马乱后，他们不仅拿出自己的粮食给这些快要倒下的人充饥，还帮助他们砍伐木头，在这里建房、安居。他们一同在山上开垦土地，生儿育女，相互包容、扶持。

2014 年，一条连接色龙村和外界的色龙隧道贯通，随着隧道整体全线通车，色龙村人的生活彻底改变了。

时代变迁，和外界相通，是必然的。色龙村的年轻人渴望走出村子。而此时，现代文明下的人们也在寻找“诗和远方”。于是，一场心灵的共振，在色龙村上演了。世外桃源，变成了色龙仙居。在脱贫攻坚和乡村振兴中，色龙村不仅是色龙村人的村子，更成为众人的村子。

芍药花海边练瑜伽，古树下品禅茶，草地上冥想，手工作坊

世外桃源色龙村

里体验草木染，森林里徒步……在色龙村，人的心像被洗涤了，夜里，村子灯火阑珊，温泉水汽氤氲，仿佛天上宫阙。

走进色龙村，最大的感慨是不用去瑞士看小镇，瑞士小镇就在色龙村。网络上有网友评论，瑞士的小镇是世界最美的，最值得去的。那里有皑皑雪山，雪山下就是村庄，村庄里老屋古朴，鲜花盛开，圣洁与宁静洋溢在小镇，让人流连忘返。和瑞士小镇相较，色龙村的古朴与温馨，相信是世所少有的，而当冬天，雪落在空卓达山时，色龙村也就降下了神一样的庄严。

2016 年，色龙村被评选为“全国特色民族村寨”，央视赞誉这里为“世外桃源”。看世界最美村镇，不用去瑞士，到色龙村就可以。

川西北的小布达拉宫：色尔宫村

色尔宫村，或许不少人还不知道；不过，白藏房，或许有人听说过。

甘孜州的白藏房，是《中国国家地理》杂志评选的四川 100 个最美的拍摄点之一。而白藏房最壮观的景致，是在乡城县色尔宫村。

色尔宫村，位于乡城县县政府所在地香巴拉镇。沿 318 国道，经过高山、森林，再经过辽阔的海子山、稻城红草地，来到乡城县内，眼前不由得一亮。白色珍珠般的藏房，点缀在田野河畔和半山腰。成片的藏房，错落有致，宛若“东方的古堡”，也被称作“川西北的小布达拉宫”。

站在远处看，白色藏房，如造型朴实的别墅，一幢幢矗立着，蔚为壮观。走近了细看，白色藏房形状统一，外墙内斜，内墙垂直，像个落地的楔子。

白藏房的形状，据说起源于古吐蕃。传说，古吐蕃人用方形寺庙降伏过妖魔，后世吐蕃人便坚信方形建筑可以镇邪驱魔，于是沿袭了方形建筑的外形。经后人考证，这种方形建筑还具有抗地震的作用。抛开传说，乡城白藏房，凝聚着劳动人民的智慧。

白藏房，都是土木结构，室内由木柱支撑，房屋的大小决定了柱头的多少，面积小的有20根柱头，面积大的有近100根柱头。白藏房一般有三至四层，底层为关牲畜所用，二层为房屋主人的居住区，设有客厅、卧室、厨房、经堂，三层为堆放粮食和杂物所用。屋顶为平台，用作晒场，还筑有插立经幡和煨燃桑烟的垒台。门檐、窗檐下、中柱上多垂挂红、黄、绿彩绸，以表吉祥，门窗富丽堂皇，精雕细刻，彩绘明朗鲜丽。这些装饰和墙体的白色共同将藏房装点得美观、圣洁。

关于白藏房颜色的来历，有一段动人的传说。传说，乡城县的巴姆神山仙女看到她所毗邻的土地上，藏式民居“灰头土脸”，外观陈旧，便灵机一动，撒下自己的化妆品，藏房一下就变白了，随着白色藏房的出现，乡城县的山水也明朗起来。

真实的情景是，房屋建成后，当

乡城白藏房

地人用乡城县山上特有的阿嘎土和水搅成白色土浆，盛于茶壶等器具里，从墙头慢慢浇下，直到土墙变白。这种白色泥浆可防雨水渗漏，还象征着吉祥、幸福。据当地老人讲，每年往墙面浇注一次白色土浆就相当于点1000盏酥油灯，诵1000道平安经，能驱邪镇宅，护佑人畜平安，还能得到山神的庇护。

“阿嘎”系藏语，意为白色的物质。它很奇特，似土非土，似石非石。据资料记载，阿嘎土是风化的石灰岩或捣成粉末的砂黏质岩类，主要成分是碳酸钙。作为藏族聚居区的一种建筑材料，阿嘎土在乡城县被普遍采用。用阿嘎土铺地面或屋顶，不仅经济实惠，而且平整、光滑、坚实，不渗水，功用如水泥。

乡城白藏房的修建，重要的一个环节是打阿嘎土，即夯实屋顶或地面。乡城人打阿嘎土一般在暖和的季节进行。人们采回大块阿嘎土后，先打成粉状，再由粗至细，一层一层铺阿嘎土，接着用特制的木棒一层一层夯打，边拍边打边加水，打实一层后又加一层细碎的阿嘎土。如此反复，直到起浆，阿嘎土才算打完。

打阿嘎土是乡城人一项热闹的工作。此时，亲戚朋友都会来到需要打阿嘎土的人家，大家共同劳作。所以，乡城县每一幢白藏房，都体现了当地人的互帮互助。

岁月更迭，乡城人将给房屋浇上白色土浆这一项工作作为固定的节日仪式。每逢金秋时节，当地都会为白藏房举行“白色灌礼节”。到乡城县来，一定要体验这一传统仪式。

乡城人，不仅建造了独特的房屋，还有独特的敬猫习俗。

传说，乡城原先是没有猫的。佛教兴盛时期，人们奉行“不可杀生”的教义，老鼠趁机肆虐，不但偷盗粮物还啃食经书，威胁到了佛教的传承。信徒们无奈，听闻遥远的印度有猫能灭鼠，便远赴印度，想把猫请来。因印度与乡城的气候相异，人们在与猫的协商中，应诺了它三个条件：准它在温暖的灶旁睡觉取暖；以牛奶为主食奉养它；准它以家庭成员之身份与贵人们同欢同乐。猫见待遇丰厚，便不辞辛劳来到了乡城。从此，鼠患被除，这里人们也将猫尊为“护教功臣”，护佑有加，并塑在了灶神图腾之列。得益于乡城人的敬猫习俗，猫在乡城的日子过得有滋有味。

此外，乡城人还是幽默的。这里有着藏族聚居区独特的“笑宴”。所谓“笑宴”，就是几个口才绝佳的能手相互取笑、相互取悦，借言语的幽默、风趣，展露智慧，阐释哲理，有点类似汉族地区的“相声”。

和相声不同的是，“笑宴”不是精心准备的演出，而是婚庆、聚会、劳作、休息时的即兴发挥。其内容非常广泛，有借“笑宴”给异性传情达意的，有喊冤洗冤的，有向有过节之人赔礼道歉的……“笑宴”有不成文的规定，在摆“笑宴”时，被取笑的人，无论贵贱富贫，可以当即反驳，但不可有不悦之情，倘若有了怒意，一生将背负心胸狭窄、脾气古怪、自私自利等诸多丑恶名声，还会失去朋友。“笑宴”充分展现了乡城人民的宽厚大度，成为人们热衷的一项娱乐活动。在乡城，人们随时能和“笑宴”邂逅。

CHAPTER 14

甘孜州的历史遗迹

石渠石经城

甘孜州历史悠久，据最新考古发现，20万年前，就有人类在这片土地活动。这片土地上留下了众多凝聚着人民勤劳与智慧的历史遗迹。这些历史遗迹，具有代表性的是文物保护单位。至2025年3月，甘孜州有国家级文物保护单位18处，在四川省名列前茅，涉及古建筑、古文化遗址、古墓葬、石刻、近现代重要史迹、传统民居等方面。这些文物保护单位，有的堪称世界奇迹，如泸定桥、松格嘛呢石经城和巴格嘛呢石经墙、德格印经院、新龙县藏式伸臂桥波日桥、丹巴古碉群等。它们不仅见证了雪域高原的发展与变迁，更为人类文明进步作出了贡献。

“东方文化不如西方文化”的终结处：皮洛遗址

稻城皮洛遗址，入选2021年度全国十大考古新发现。

皮洛遗址位于稻城县的皮洛村附近。它是一处旧石器时代旷野遗址，也是中国大陆发现的最早的旧石器时代文化遗址之一。皮洛遗址面积约100万平方米。该遗址最重大的发现是手斧和薄刃斧，这些手斧数量众多，形态规整，技术成熟，是目前世界上海拔最高的阿舍利技术遗存，也是目前东亚地区形态最典型、制作最精美、技术最成熟、组合最完备的阿舍利组合，串联起东西方的阿舍利文化传播带，对认识东西方远古人群迁移和文化传播交流具有特殊的价值与意义。阿舍利技术是旧石器时代早期至中期的一种石器制作技术，因最早发现于法国北部的圣阿舍尔而得名，大约存在于距今170万年至20万年前。该技术的主要特

皮洛遗址 胡廷辉 / 摄

点是能够打造出较为规整、对称的大型石器工具，其中最典型的工具是手斧。

皮洛遗址的发现，之所以有如此重大的价值和意义，是因为手斧的重要性。

旧石器考古学上，根据石器技术可划分为五个不同的技术模式，分别为奥杜威文化、阿舍利文化、莫斯特文化、石叶技术、细石叶技术，而手斧是阿舍利文化的代表性石器之一。作为人类历史上第一种定型工具，手斧兼具审美和实用性，可用于砍伐、狩猎等，有人称它为“人类心灵之窗”。手斧在制作前就要在脑中形成目标产品的基本模样，专业上称为“概念模板”，说明当时的人已经从原始状态进化到有一定复杂思维的人类。所以，手斧代表着较高的文明。

考古学界曾流传着一种“东方文化不如西方文化”的理论。20 世纪 40 年代，哈佛大学人类学家莫维斯认为，旧石器时代，可从欧洲西北部到东南亚的喜马拉雅山脉南麓划出一条“文化线”。位于该线以西、以南的地区，是早期人类文化的先进地区，以西方的手斧文化传统为代表；而位于该线以东的地区（包括中国）是以制造砍砸器为传统特征的“文化滞后的边缘地区”。人们后来把这条“文化线”称为莫维斯线。

当中国广西百色遗址（约 80 万年前）、四川皮洛遗址（约 20 万年前）出土大量手斧后，“东方文化不如西方文化”的说法不攻自破，长达数十年的“莫维斯线”论战也画下了休止符。

2019 年起，四川省文物考古研究院旧石器研究室组织相关团队在川西高原开展了旧石器时代考古专项调查工作，皮洛遗址由此被发现。2021 年 4 月，四川省文物考古研究院联合北京大学考古文博学院对遗址进行了正式发掘，共发现近万件石制品和用火遗迹。其中，出土的手斧、薄刃斧等石制品，可以与西方晚期阿舍利遗存媲美，是东亚地区首次发现的确凿无疑的阿舍利技术体系的产品。该遗址出土后，“莫维斯线”争论也就被彻底解决。稻城皮洛遗址的价值和意义不言而喻。

皮洛遗址丰富、连续的遗存，证明了青藏高原并非世外隔绝之地，古人类在高原地区的活动强度远大于此前的预期，是早期人群文化交汇的热点地区，古人类登上青藏高原的年代，被推至距今 20 万年以前。如今，行走在稻城海子山上，不仅为大自然而惊叹，更会升起强烈的文化自信！

世界首座格萨尔文化主题城：格萨尔王城

甘孜州流传着这样一句谚语："每一个藏人的嘴里，都有一部《格萨尔》。"由此可见，《格萨尔》在甘孜州可说是妇孺皆知，家喻户晓。

甘孜州德格县阿须草原是格萨尔王的诞生地，其一生的重要征战地之一也位于甘孜州内。甘孜州有很多关于格萨尔的风物、遗迹、传说。这里分布着大量与格萨尔王相关的风物遗迹。甘孜州也是说唱格萨尔史诗的民间艺人的活跃区域，史诗通过口耳相传融入当地民众的精神生活。格萨尔王的传说与甘孜州的自然景观、人文遗迹深度交织，水乳交融。

格萨尔出身比较贫苦，少年时代四处漂泊，在困苦中练就了一身非凡的本领。在岭国以王位为赌注的赛马会上，格萨尔战胜了对手，一举夺魁，登上了岭国的王位，后来又娶美女珠牡为妃。从此，他率领士兵南征北战，开疆拓土。

在格萨尔王的传说中，王妃珠牡是重要角色。珠牡一直陪伴着格萨尔王戎马征战。他们相亲相爱。然而，当格萨尔王北上征讨北方妖魔时，霍尔国国王却趁机入侵岭国，并掳走珠牡。岭国众英雄奋起反击，终究不敌。格萨尔王得知消息后，历经艰险返回岭国，化身铁匠潜入霍尔国，打败敌人，救出珠牡。

霍岭大战的遗址地，即珠牡王妃被掳后囚禁的地方，就是如今的格萨尔王城，世界上首座格萨尔文化主题城。格萨尔王城位于甘孜县城东南部，距离甘孜格萨尔机场约 45 千米，至省会成都的航程约 45 分钟。

甘孜格萨尔王城

甘孜格萨尔王城的暮色

这座恢宏的城，记录了格萨尔王的一生，其主要建筑为格萨尔王的主殿“森珠达孜王宫”及“三十员大将寨子”。伴随格萨尔王一生的，不仅有珠牡，还有众多英雄，其中有他同父异母的兄长嘉察协噶。嘉察协噶一直忠心辅佐格萨尔王，成为格萨尔王旗下三十大将之一，最后，牺牲在了霍岭大战的战场。

甘孜县内，还有多处遗迹可以感受格萨尔王的丰功伟绩。和格萨尔王城相邻的遗迹还有位于县城东南的旭日岭。这里是格萨尔王母亲的故居遗址，也是闻名四方的卓德温泉所在地。此外，扎日拥康神山，留有格萨尔王的手印、足印、剑印及修行洞等遗迹。王城西边绒坝岔片区堆西娘娘山，是格萨尔王战马的寄放地，留有珠牡与格萨尔王母亲捕捉战马的遗迹。

世界最早铁索桥和军事奇迹的见证：泸定桥

1935 年 5 月 29 日，中国工农红军长征，红军勇士飞夺泸定桥。这段壮举被毛泽东写入《七律・长征》中，诗句“大渡桥横铁索寒”由此传世。

泸定桥又名大渡桥，坐落在泸定县城大渡河上，为全国重点文物保护单位。该桥始建于清康熙四十四年（1705 年），建成于康熙四十五年（1706 年）。康熙御笔题定“泸定桥”，并立御碑于桥头，上刻《御制泸定桥碑记》，碑文记载了西炉之役始末、建桥缘由及桥名含义等内容。

据碑文介绍，清康熙年间，汉族和藏族所需的物资汇集到泸定县大渡河边，经常堆积如山，全靠渡船或溜索转渡，十分不便。酷暑天，若不能及时渡河，那些新鲜的食品如野味、肉菜等就会因腐烂而被丢弃，十分可惜。康熙三十九年（1700 年），打箭炉（今康定）营官昌侧集烈杀害明正土司，阻挠茶马互市，朝廷派兵平定，即历史上的西炉之役。在这场战役中，军队的频繁调动在这里遇到了瓶颈。战后为巩固边疆，同时解决通往藏族聚居区道路上的梗阻，康熙四十四年（1705 年），朝廷下令修建大渡河上的第一座桥梁。经过不到一年的施工，大桥于康熙四十五年（1706 年）建成。康熙援引诸葛亮《出师表》“泸水”（实为金沙江古称，康熙误以为是大渡河的古称）之名，结合“平定西炉”之意，亲题“泸定桥”。这就是今天的泸定桥。

泸定桥建成后，从泸定通往康定的茶马古道被彻底打通，康定城也由此发展、繁荣起来。因此，自清以来，泸定桥即为经四川入藏的重要通道和军事要塞。

泸定桥为铁索悬桥。主体由 13 根铁索和东西桥头台组成，桥长 103.67 米，宽 3 米，是大渡河上最大的铁索桥。

桥东是二郎山，桥西是海子山。桥两端各有约 15 米高的桥台，桥台内固定铁桩，13 根铁链固定在两岸桥台的落井铁桩里。每根铁链由约 890 个熟铁手工打造的铁环相扣。其中，9 根并排作底链，上铺木板，为桥面，4 根分左右两侧作扶手。扶手与底链之间用小铁链相连接，这样 13 根铁链连为一个整体。桥两岸的桥头古堡为木结构古建筑。桥头曾铸有铁犀牛和铁蜈蚣，现存为后世复刻，表达镇服“水妖”、铁桥永固的愿望。

泸定桥建筑风貌独特，为我国所独有。它比美洲第一座铁索

泸定桥

桥和欧洲第一座铁链吊桥还要早。

又粗又沉的铁柱，又长又重的铁链，古人是怎样在大浪滔天的河上将其渡河并架设起来的？民间有这样一个传说。传说，康熙帝下令修桥后，当地方圆几百里的人民无不欢天喜地。大家四处寻找建桥的铁材。一些桥工在二郎山上足足转了七七四十九天，连一块铁渣也没找到。他们毫不气馁，又到更高更远、冰峰林立的贡嘎山去寻找。一天，只见山上一道红光闪过，“哗”的一声巨响，一股红彤彤的铁水喷涌而出。众桥工用铁水铸了四根扶手铁桩，每根重 1800 斤，十几个人也抬不起来。正在为难之时，一位大汉从西边翩然而至，自称郭达（即康定城人民供奉的郭达将军）。他双手轻轻一搂，就将铁桩抱了起来，一一安放到大渡河两岸建桥的位置。桥工们感激不尽，连忙捧了热茶、酒肉来招待他，谁知他转眼间就不见了。至于 13 条重重的铁链又

水面上的泸定桥

是怎样飞跨大渡河两岸的呢？民间传说，是一个名叫嘎达的大力士，将铁链夹在腋下，乘船从东岸到西岸，来回好多次架设好的，而他也因过度劳累而死。而清代有书籍曾记载，清康熙年间修建泸定桥时，最初尝试在东岸固定铁索，以小船运送铁链，但因铁链过重，船未到达对岸便倾覆，导致工程长期无法完成。后经一位来自西藏的僧人指导，先在两岸间固定粗大的绳索，每根绳索上穿入十多个短竹筒，将铁链穿入竹筒内，并用长绳绑紧竹筒，在对岸拉拽竹筒，竹筒随绳索移动至对岸时，铁链也随之抵达。这是运用了当地藏族人民溜索过渡的原理。

1935 年 5 月 29 日，中国工农红军长征途中，22 名勇士组成突击队强攻泸定桥。在敌军火力封锁下，勇士们以铁索为径、以身躯为盾，匍匐冲锋，突破敌军防线，歼灭桥头守军，成功打通红军北上的战略通道。“飞夺泸定桥”载入史册，创造了中国革命战争史与军事攻坚史上“惊、险、奇、绝”的经典战例，泸定桥由此成为中国共产党革命历程中的重要历史地标。

如今，来到泸定县城，从远处望去，铁索桥头两端东低西高，呈现飞舞之姿。条石砌成的桥台，飞檐翘角的桥亭，随风叮当作响的铜铃声，更为桥增添了气派恢宏的美感。凭栏而望，红军飞夺泸定桥纪念碑、泸定桥革命文物博物馆、茶马古道次第入眼。此时，看着桥下汹涌波涛，人们会不由得对英雄肃然起敬，对人民心生敬仰！

草原上的长城：巴格嘛呢石经墙

甘孜州石渠县扎溪卡草原上的巴格嘛呢石经墙，被人们称为“草原上的长城”。

扎溪卡，藏语意为雅砻江畔的游牧部落。从巴颜喀拉山南麓发源的雅砻江在石渠草原蜿蜒回旋，舒缓流淌。巴格嘛呢石经墙，即在雅砻江第一湾旁。

石经墙距石渠县城 40 多千米，墙体厚 2 ~ 3 米，墙高约 3 米，全长约 1.6 千米，迄今为止，是世界上最长的嘛呢墙，并载入了吉尼斯世界纪录。巴格嘛呢石经墙，始建于 1640 年，距今近 400 年。相传，石渠的巴格活佛在西藏苦修时，莲花生大师曾托梦于他，要他在江河的源头、水草丰茂的大草原建一座嘛呢墙以超度众生。经过寻找后，活佛在扎溪卡草原上放下了第一块嘛呢石。

今天，嘛呢墙的样子，是由成千上万的信徒们在石上一锤一凿刻上经文，再将刻有经文的一块块石头堆砌逐渐形成的。每一块石板上的内容都代表着当地人民内心最诚挚的祈愿。这座墙，记录着许多故事。其中，一个“善之墙”的故事和一个“恶之墙”的故事，广为流传。

相传，扎溪卡草原上一个土司的女儿爱上了一个贫苦青年牧民。他们的恋情遭到了土司的强烈反对。无奈之中，这对恋人相约私奔。月夜下，渡过雅砻江时，姑娘不慎被激浪打下马背，被水流卷走。小伙看到心上人被滔滔江水卷走，痛苦万分，也准备追随姑娘而去。此景恰巧被巴格活佛看见，他便劝小伙皈依佛门。小伙子豁然开朗，进入佛门，还把自己和姑娘的所有财物捐献出来，用于修建嘛呢墙，以此告诫人们抛弃俗念，一心向善。这段嘛呢墙被称为“善之墙”。

另外，还有一个传说。两个平素情同手足的朋友结伴远行，来到雅砻江畔后，一人对同伴的财物动了不义之心。他趁同伴到江边取水时，把同伴推入江水中。此事被巴格活佛看见，便要那人弃恶从善。那人在活佛的教诲下，终于醒悟，从此跟着活佛苦修，终成正果。活佛又用此人劫来的财物修了一段嘛呢墙，以警世人。此墙被称为“恶之墙”。

“善之墙”和“恶之墙”的故事传开后，嘛呢墙也就成为信徒们朝拜的圣地，善男信女不辞辛苦背负着嘛呢石来拜谒，嘛呢墙也就越砌越长，至今仍向前延伸。

走近了，会看见砌墙的嘛呢石被平放重叠。墙体的嘛呢石多

转石经城

刻六字箴言，还有的刻《甘珠尔》《丹珠尔》等佛教经典。简短的六个神秘字符，在每一个石头上各有不同呈现，它们或以本色示人，或被点染上红、绿、黄各色，有的还装饰着酥油灯、花、太阳等图案。有的石头上雕刻着各种佛像或奇异的神兽，线条流畅，造型生动。绵延的墙体上还嵌着一个个窗口式的佛龛。佛龛中安放着彩绘石刻的嘛呢石、佛像。每隔一段距离，石墙还围出一个回环的空间，类似于城墙上的烽火台。长墙的两端立着高大的佛塔，中段的108座佛塔排成长长的队伍，和长墙并行。墙体从头到尾都挂满了经幡，风起时，五彩的经幡随风而舞。

层层叠叠的嘛呢石、石窗、白塔、经幡，共同构成了巴格嘛呢石经墙，构成了藏族聚居区最有特色的建筑之一。

CHAPTER 15

甘孜州的多元文化

甘孜儿女山间放歌　高秀清／摄

甘孜州，一个多民族聚集的地方，一方多元文化并存的土地。在这片土地上，各族人民所创造的文化，被统称为康巴文化。康巴文化，由德格文化圈、嘉绒文化圈、木雅文化圈、汉藏商贸文化圈、游牧文化圈、帕措文化圈、彝文化圈等文化圈组成。这些文化圈分处于不同地区，各有特色。如德格文化圈，包括原德格土司属地的德格、白玉、石渠和西藏的江达等地，外延则涵盖康北的大部分地区，是格萨尔文化的中心。嘉绒文化圈，保留着浓厚的母系社会遗风，以丹巴为中心，包括康定、道孚的部分地区。木雅文化圈，是木雅人的生活地带，包括贡嘎山周围的康定、道孚、九龙、雅江等部分地区。汉藏商贸文化圈，则是康定、泸定等城镇，因接近内地，历来为汉藏贸易重要口岸，往来四方的商贾与外来移民较多。游牧文化圈，则以高原草场地带为中心，以追求自然为其文化特征。帕措文化圈，则以白玉县三岩为中心，包括西藏自治区贡觉县雄松区和四川省白玉县盖玉镇一带，实行氏族公社式的“帕措”制度。彝文化圈，位于大渡河中下游地带的泸定、九龙等县的彝族聚居区内，保持着与凉山彝族聚居区基本一致的彝文化传统。各文化圈相互交织，共同组成雪域高原的多彩文化。人们在盛大丰富的节日里、在绚烂多彩的歌舞中、在精妙绝伦的手工艺里，可观可触可感这种文化。

特色浓郁的丰富节日

山歌节、赛马节、望果节、央勒节、嘉绒乡村风情节、迎秋

“四月八”跑马山国际转山会

节……在甘孜州，人们以各种节日祈祷风调雨顺或纪念某个特定的日子。在这些节日中，“四月八”跑马山国际转山会、“康定国际情歌节”尤为体现多元文化的碰撞。

康定“四月八”跑马山国际转山会，与别的地方的转山会不同，由传统的宗教活动变成了全民参与的节日。

“四月八”转山会的当天，天一亮，康定城男女老少就会带上帐篷，背上凉粉、锅盔，和随行的“大部队”沿跑马山登山道路上山。到山顶后，人们会搭起帐篷，帐篷外铺起一张大大的油布，油布上面放满锅盔、凉粉等食物，人们再从边上找来三块石头架起锅庄，捡来干树枝，燃火熬茶，茶汤清香四溢，食物色味俱佳。人们围在一起，载歌载舞，尽情欢娱。同时，大家还在山上选购自己满意的商品，转山会的热闹程度不亚于成都的繁华街道。

如今的“四月八”已演变为“国际转山会”，活动愈加丰富多彩。晒佛仪式与康定情歌、溜溜调、木雅藏戏、鱼通锅庄等特色民俗节目相融合，让四面八方来的游客体验到藏文化和情歌文化的神奇魅力。

节日当天，看“晒佛”依然是大家的首要期盼。南无寺的“晒佛”活动，成了节庆开始的重头戏。早上 7 点，南无寺僧人就来到跑马坪，小心翼翼地展开巨大的包袱。佛帘一寸一寸向上移，佛容映入众人眼帘。

“晒佛”只是开始，接下来，聚在一起的人们，把内心的欢乐播撒在天地之间。溜溜调、木雅藏戏、鱼通锅庄、现代歌曲轮番上场，醉了游客，也醉了当地人。当表演结束后，人们继续在山上玩耍。现在，由于森林防护，不能再在山上生火熬茶，但人们依然会野餐。此时，年轻人拉开嗓子唱情歌。而山下康定情歌广场上，夜晚还有篝火晚会，热闹继续。

欢度完“四月八”转山会，康定人又开始期盼康定国际情歌节了。

康定国际情歌节的兴起，是因《康定情歌》。

《康定情歌》起源于四川康定地区，其雏形可追溯至 20 世纪 40 年代。1947 年，音乐家吴文季在康定采风时记录下当地民歌《跑马溜溜的山上》，后由作曲家江定仙编曲定稿，定名《康定情歌》。1948 年，著名歌星喻宜萱在她的南京独唱音乐会上首次公开演唱了《康定情歌》。1952 年，《康定情歌》在维也纳世界青年联欢节上获银质奖章，首次登上国际舞台。20 世纪 50 年代，《康定情歌》被编入《中国民歌十八首》等国家级音

赛马

热闹的转山会

情歌节的康定夜晚

乐教材，成为全国传唱的经典民歌。1986 年，文化部将《康定情歌》作为中国民歌代表之一推荐至联合国教科文组织，参与亚太地区传统音乐保护项目。2004 年，该曲随中国嫦娥一号月球探测器升空，其旋律被录入太空音乐芯片，成为中国首支进入地外空间传播的民歌。2015 年康定撤县设市后，《康定情歌》作为城市文化符号频繁亮相国际活动。2023 年成都大运会艺术体操比赛中，中国选手以改编的《康定情歌》为配乐完成表演并夺冠，央视新闻等媒体全程报道了这场“民歌与现代体育的美学融合”。据四川省文旅厅统计，截至 2023 年，《康定情歌》已有英、法、日等 12 种语言版本，被全球 138 个国家和地区的音乐平台收录。《康定情歌》已成为世界情都康定的一张独具特色的音乐名片。

从 2001 年起举办的康定国际情歌节，以民俗表演、旅游活动及开幕式晚会为主要展现形式。

《康定情歌》因爱而诞生，因此，康定国际情歌节一般在农历七夕举行。“爱”贯穿着节日。“全民参与开幕式 + 沉浸式大巡游 + 分会场支线活动”，全城联动，尽情展现康定城的精彩与魅力。多种版本的《康定情歌》，如原初的溜溜调，现代的摇滚、说唱，轮番上场。加之现代科技装点的夜空，满城的玫瑰，让康定成为一座情城。

独领风骚的甘孜歌舞

甘孜州歌舞艺术承载着千年康巴文化基因，其核心形态由非物质文化遗产巴塘弦子、甘孜踢踏、真达锅庄三大体系构成，形成“一舞三脉”的文化景观。联合国教科文组织评价甘孜歌舞为“横断山区多民族文化交流的活化石”，从这些歌舞中可见古羌人“联臂踏歌”、吐蕃“金刚舞步”、茶马古道马帮节奏等文化层积。

先说巴塘弦子。

早在战国时期，当时生产力十分低下，面对大自然的各种自然灾害，人们崇拜神灵，在巴塘产生了一种叫“歌卓”的祭祀舞蹈。唐代，“歌卓”逐渐深入到日常生活中，成为在生产劳动之余、时令佳节之期、婚丧嫁娶之时所跳的集体舞蹈。队形为圆圈，人们称之为“嘎谐”（圆圈舞），这便是巴塘弦子的雏形。经宋元两代到明清两朝，“嘎谐”在巴塘迅速发展。特别是在清康熙年间，川滇藏陕等地的汉、回、藏等各族商人到巴塘经商，促进了巴塘的经济发展，加之茶马古道的兴盛，使巴塘成为多民族文化交汇的走廊，这时的“嘎谐”在充分吸取其他艺术特

欢乐的巴塘弦子

长的基础上完全成熟，成为藏族聚居区独树一帜的民间歌舞艺术——巴塘弦子。

巴塘弦子形成后，最初没有乐器伴奏。清光绪年间，因往来巴塘的商旅甚多，文化交流频繁，于是巴塘弦子在原来歌舞的基础上，吸收外来歌舞的长处，开始试用乐器伴奏，从而使巴塘弦子独具风韵，并在康巴地区乃至整个藏族聚居区开始流传。

巴塘弦子的乐器为胡琴。传说，第一把胡琴是一个弦子艺人用牦牛角做琴筒，用羊皮蒙琴面，用枝条做拉弓，用马尾做弓弦和琴弦而制成的。后来，有人将牛角琴筒改为圆木琴筒而流传至今，琴头多装饰龙头或宝塔顶，寓意吉祥。这种胡琴音质纯正，音量厚重，音色深沉，既适合行进跳动时拉奏，又易于制作，深受琴手的喜爱。歌舞以琴手为核心，整个舞蹈的节奏由琴手掌握。

巴塘弦子，长袖是其一大特点，舞动双臂长袖有翩然之感、飘逸之美。其他地区的弦子，双臂舞动是随音乐节拍有明显的停顿动作，而巴塘弦子则不停顿，讲究行云流水般的优美流畅的感觉。巴塘弦子踏步、擦步、跨腿步、前点步等舞步也非常轻盈优美，有流畅感。

在巴塘，无论是城镇还是乡村，无论是耄耋之年的老人还是三岁孩童，只要一听到胡琴声就会跑去结队欢舞，围着篝火或火塘，跳个通宵达旦，甚至跳上几天几夜也丝毫没有倦意。弦子，影响着每一位巴塘人的生活和心态。

再说甘孜踢踏。

《甘孜县志》记载，甘孜踢踏是300多年前由甘孜本地进藏学经的僧人和朝佛者从西藏学会后传入甘孜的。甘孜踢踏不同于西藏踢踏，更不同于爱尔兰踢踏，甘孜踢踏不只强调脚上功夫，更强调手上和身上的动作，形成了更为奔放、粗犷的特色。传入初期的踢踏舞，踏步动作多，手臂前后摆动，动作单调，舞蹈的表演技巧受到限制。清光绪末年，踢踏舞成了甘孜寺的扎谐（扎巴舞蹈），从手腕摆动到踏步方面有了一定的改变，表演者皆为男性，一般都在每年秋季丰收时表演，后来流入民间后则无时间和性别的限制。

康定解放后，踢踏舞经过业余和专业舞蹈工作者的继承，广采博收各种踏步的节奏，发展了舞姿和踏步旋转、侧身腾跃等独特的技巧动作，在此基础上，在身态和手形上也注入了本地特有的弦子、锅庄等新的血液，丰富了表现力，形成了独具本地特色的风格。

甘孜踢踏，无论是踏步方面，还是手臂方面，动作都是多而大。舞者挥动着轻灵的长袖，踏着变化的舞步，慢节奏时，舒展轻松，快节奏时，奔放粗犷，使人眼花缭乱。踢踏舞表演不限人数，少则一人，多则数百人。表演时，舞者身着盛装，但不佩腰刀，脚和腰部需挂上一串响铃，以增添音响色彩。

甘孜踢踏由于保留了民间舞蹈传统而自成一派，其舞步充满了跳跃性，活泼而欢快，音乐也多用传统的藏族民间音乐，形式不拘一格，是一种非常自由的舞蹈形式。除此之外，与其他一些以脚步打击节奏的舞蹈相比，甘孜踢踏更注重脚步打点的复杂技巧与节奏，有力而简洁。从僧侣的舞蹈形式逐步转变成民间的成人踢踏后，又出现了少儿踢踏、女子踢踏。甘孜踢踏的发展在近

甘孜踢踏

代更是发生了巨大的飞跃，它被广泛地运用到娱乐、大型演出、民间歌舞等各种场合，成为代表甘孜县的“传统民间舞”。

最后说真达锅庄。

藏族锅庄是广泛分布于西藏、四川、云南、青海等地的大型集体舞类型。真达锅庄是甘孜州藏族锅庄的重要分支之一，发源于石渠县洛须区真达乡，因地域文化独特被单独命名。其动作融合农区锅庄的舒展与牧区锅庄的豪迈，形成“彪悍雄健、刚柔相济”的鲜明特色。舞动长长的水袖和脚下步伐的独特是真达锅庄的风格。

当人们跳起欢快的石渠真达锅庄舞时，男子矫健的英姿，配

古老山歌开唱前的仪式 高秀清 / 摄

以舒展宽大的长袖，如同雄鹰翱翔在草原的天空中，把高原男子刚强、英武、潇洒的风姿和高昂的精神风貌表现得淋漓尽致。女子着装富贵端庄，桃红色长水袖衬衣，点缀着深色的毛呢长袍，除了佩戴名贵的饰物，还有独特的宽檐羊毛缎面帽，独具贵族风范，舞动时娉婷婀娜，令人叫绝。

真达锅庄属于大型锅庄，舞者上百人，多的甚至上千人。由善舞者领舞，领舞者一般位于队列前排或者最后，胸前佩花，以示区别。舞者合着乐曲，采用蹬、跳、转、走、抒袖等舞蹈动作，随着乐曲节奏的快慢，动作亦快亦慢，最终进入高潮而结束。

在农区，农历每月十五月圆之时，青年男女都要聚集在一起跳锅庄。真达锅庄因源远流长，深植民间，被定为石渠县县舞。

精妙绝伦的手工技艺

甘孜州手工技艺既是藏族文化的基因密码，也是高原人民与自然共生的智慧结晶，尤能体现一个地区人民的智慧、勤劳，也尤能体现一个地区人民对生活的态度。甘孜州的牛羊毛绒编织、金属锻造、土陶制作等八项技艺被列为国家级非物质文化遗产。这些技艺在和现代社会的碰撞中，受到了消费者的欢迎。

牛羊毛绒编织是藏族的一种民间手工技艺，它与藏族人民的生产生活紧密相关。千百年来，藏族人民用于装糌粑、牛羊肉、奶制品、酥油、奶渣等食品的袋子，大都是用牛羊绒线编织的。

1984 年，在炉霍县卡萨石棺墓葬群出土的毛织品显示，早在两千多年前，当地人民就已经掌握了高超的毛织品编织技术 。

这种技艺以牦牛绒、绵羊毛及藏山羊绒为原料，经过选毛、去污、分梳等环节后，手工搓捻成粗细不一的毛线，通常以粗线为经线，以细绒为纬线，再用传统的木制织机编织成紧密的褐片（毪子）。牦牛绒因纤维强度高、保温性好，被誉为“软黄金”，其制品在历史上曾作为赋税或贸易物资。经这种编织技艺编织出来的布料，具有防潮、耐用的特点，在藏族人民的生活中应用广泛。

随着人民生活水平的提高，甘孜州的人们将传统技艺进一步发扬，如德格县麦宿镇的牛羊毛绒编织。过去，麦宿镇的妇女因编织技艺而闻名。她们所编织的氆氇和其他纺织品是僧众和当地居民的首选。现在，她们提高了技艺，学习了不同的编织工艺，编织的产品种类越来越多，有腰带、围巾、包包、手链、桌布等。在保留传统编织技艺的基础上，结合现代市场需求，增加时尚元素，受到消费者的青睐和热捧。

金属锻造技艺的代表在白玉县河坡乡。白玉县河坡乡是有名的手工艺之乡，被誉为“格萨尔王的兵工厂”。白玉藏刀是藏族金属锻造技艺的主要产品。

藏族金属锻造技艺所生产的产品种类很多，主要有佛像、各种法器（如转轮、密宗金刚杵）、香炉、藏族刀具等。其中，藏族刀具是藏族众多工艺品中最具代表性的品种。过去，雪域高原上，男女老少人手一把藏刀，用于避邪和食用肉类。他们的刀具各具特色。小伙子的藏刀表面花纹凸出，年长喇嘛用的刀具表面

纺羊毛

牛毛编织

平整，而少女的则嵌有装饰物。今天，藏刀仍然是出席隆重活动的必备装扮，不过随着藏族聚居区生活的现代化，藏刀的日常使用功能弱化，渐渐成为一种收藏品。现在，镶嵌着各种吉祥装饰的长刀日益受到买家的青睐。其中，白玉县河坡乡生产的藏刀始终引领着潮流。

白玉藏刀制作的特色是过火淬炼、土法制作的火灶。白玉藏刀制作属于家庭手工式作坊，每一家都有自己拿手的技艺。打制一把上好的白玉藏刀，要用到铁、银、铜、牛骨、牛角、木材等10多种材料，大大小小的工序有近百道。制作时，分刀叶、刀柄两部分进行。锻造刀叶，先要冶铁，然后将铁锻打并加钢成形、淬火，再锻打上千次，最后覆土烧刃，以便让刀叶变得刚柔

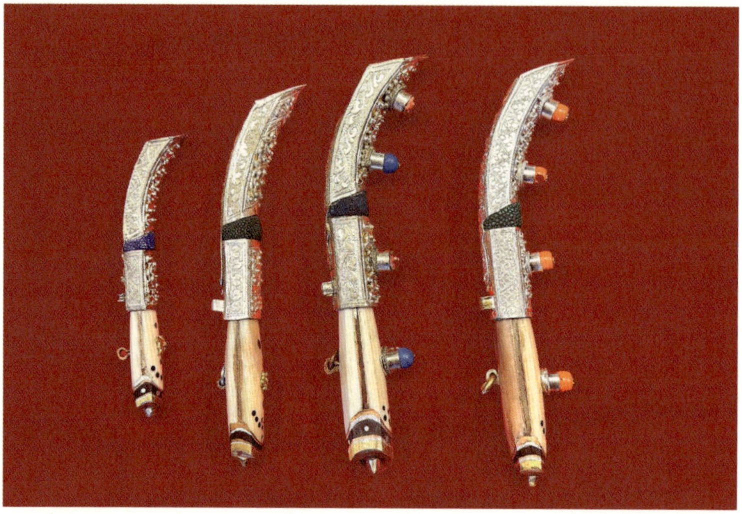

白玉河坡藏刀（女式）

白玉河坡藏刀（男式）

适度。制作刀鞘，需经过卷形、焊接、描图、錾花、抛光、镀银等环节，其中，尤以描图与錾花技艺最令人称绝。

土陶制作，也是甘孜州人民的一项重要传统手工技艺，以稻城县阿西土陶和德格县麦宿土陶为代表。

阿西土陶产于稻城县赤土乡阿西村，因其烧制完成后呈黑色，又被称为“藏族黑陶”。在几千年的发展传承中，阿西村形成了一套完美而特殊的黑陶烧制技艺，出现了一批世代传承的制陶世家和能工巧匠，创制出了许多古朴精美、极具实用性和观赏性的黑陶器皿。

阿西土陶的与众不同，主要得益于原料、工艺、造型、性能方面的特殊。原料特殊，即用赤土乡特殊的赤土为主料，配以其他原料，精心调配制作，质地特别优良。工艺特殊，体现在“盘条制坯”、烧制中内涂奶渣水防渗、壶嘴空心用穿草（先以空心草置坯中，烧窑时草被烧去，即成空心，任何弯曲形状的壶嘴都能轻易形成）等方面，这些独特的技艺，使制品强度高，壶壁不易破裂。造型特殊，即阿西土陶镶嵌有白色瓷片，不仅美观奇巧，而且反映了藏族尚白的审美观念与文化。性能特殊，即阿西土陶贮存茶、奶，具有不变味、长保温、增醇香的功效，即使贮放 10 多天，茶、奶仍然不变质、不变味，故阿西土陶声名远播康滇藏，深受各族群众喜爱。

CHAPTER 16

甘孜州的珍馐佳肴

烘土豆和坨坨牛肉 王朝书 / 摄

甘孜州地大物博，物产丰富，加之汉、藏、彝、回等民族汇聚于此，不同特色的饮食习俗在此碰撞，最终造就了这片土地独特的饮食习俗。如今，这些美食已融入这片土地上人们的血液里，伴随着人们的每一天。

康定特色早餐

多民族团结，是甘孜州的底色。这个底色，在全州各地人民的餐桌上能直观体会到。汉家风味、藏家风味、彝家风味、回族风味，在这里彼此碰撞，带给人们与众不同的舌尖上的享受。其中，康定人的早餐可谓是代表。

康定人的一天，是在锅盔、凉粉、酥油茶的交织中开始的。锅盔、凉粉、酥油茶是康定人早餐的标配。这种搭配，是过去在康定落脚的老陕、川北人还有康定藏族人民生活的融合。

据史料记载，锅盔源自陕西省关中地区。大约从清乾隆年间开始，陕西鄠县人外出逃荒，陆续前往康定。清末民初，仅鄠县在康定的炉客就达3000多人。炉客，指经营茶马贸易的陕商。这些陕西人到康定后，也将锅盔带到康定。在康定藏语中，锅盔被称为“巴勒”，泛指各种饼，有些地方又称其为“甲卡巴”，意为汉地烧饼。后来有了高压锅，康定人又发明了一种在高压锅中烘制锅盔的方法：面粉中加入鸡蛋、奶粉和白糖，揉成团，再发酵，最后用高压锅来烘焙。这样做出来的锅盔又厚又酥，外脆里绵，如同蛋糕，被康定人称为“蛋奶锅盔”。

随着炉客融入康定，老陕锅盔成为康定人生活的一部分。今天，不少离开康定的人回到康定，临走时，都会带上几十个锅盔，他们带走的是记忆，是乡愁。

酥油茶，是康定人的必需。酥油茶是由精制酥油、砖茶和牛奶制成的。早上，一碗温热的酥油茶下肚，整个人都有了活力，尤其在寒冷的冬天，一碗酥油茶真是暖心又暖胃。不过，要喝上一口正宗的酥油茶，需先将茶叶或砖茶用水久熬成浓汁，再把茶水倒入酥油茶桶，放入酥油和食盐，用力将搅拌杆上下来回抽几十下，让油和茶水充分交融，然后倒进锅里加热，当茶水和酥油完全融合后，便成了喷香可口的酥油茶了。来到康定的游人喝点儿酥油茶对预防高原反应和恢复体力有帮助。

康定凉粉在康定整个藏族聚居区都非常有名，口感麻、辣、香、柔、嫩，原材料是当地白豌豆。作为康定名小吃之一，凉粉制作考究，选料精细，火候到家，有韧性，调和不断。凉粉的调料更为讲究，辣椒去籽碾成末，红油鲜亮浓香，豆豉用盐炒。白色的凉粉，浇上酱汁，酱红味浓又清淡可口，令人食欲大增。凉粉独特的制作工艺，让其保鲜效果极佳，不易变质变味，非常适合作为野餐、登山的小吃。

汉地凉粉、陕帮锅盔、藏家酥油茶，这三味原本各守江河的吃食，却在茶马古道的商旅往来与多民族融合的炊烟里悄然交融。如今清晨的康定街头，一碗浮着酥油花的热茶配上酸辣透亮的凉粉，再掰开酥脆掉渣的麦面锅盔——这凝结着汉、藏、陕三地滋味的“混搭”早餐，恰似大渡河奔腾的浪花，将数百年的民族交汇糅进了市井晨光，成为康定人新一天的打开方式。

酥油茶 王朝书 / 摄

康定凉粉 王朝书 / 摄

荞面锅盔

广受欢迎的菌汤锅

康定，还是一座菌城。当夏天来临时，康定街上的菌子可以排出几条街。松茸、獐子菌、大脚菇、鸡蛋菌、杉木菌、青菌、红菌……种类众多。各种菌子中，松茸独占鳌头。甘孜州是松茸重要产地之一。雅江县不仅是中国松茸之乡，而且雅江还因松茸被纳入全国有机农产品基地名录。雅江县是四川省目前唯一上榜的全国野生菌有机基地。因此，到了康定，不品尝一次松茸或各类菌子，是一大遗憾。喜食菌子，也是康定人的一大特色。在康定，有以当地土鸡吊汤，还有以大骨吊汤的各类菌汤锅。找一家菌汤馆，慢慢地品尝美味，是旅行途中必不可少的一件风雅美事。

现在，人们最爱的是牦牛肉菌汤锅。该汤锅将高原上最鲜美的牦牛肉和菌子相结合。在平均海拔 3500 米的甘孜州，牦牛在零下 30℃的牧场积蓄肌间脂肪，松茸在雨季的云杉林破土勃发。这严酷与丰饶交织的高原法则，孕育出牦牛肉菌汤锅的美味及疗愈密码：牦牛骨熬煮六小时的琥珀色汤底，富含抗缺氧的支链氨基酸；肌理分明的带骨肉经昼夜文火软烂脱骨，释放出抵御严寒的蛋白质；当 7 月松茸季的黄金 48 小时菌子投入沸腾汤锅，牦牛肉的浓香与菌子的鲜美共同造就了一锅实用又鲜美的菌汤。康定人深谙这锅菌汤的高密度能量和氨基酸配比，它既能补偿高原巨大的基础代谢，更能修复紫外线损伤的细胞。难怪街边的汤锅店里，总见登山客捧着汤碗驱散海拔反应，牧区汉子就着菌香恢复体力。这锅沸腾的生物能量，就是雪域民众对抗极端气候的液态盔甲。

人参果酸奶

炸酸奶 王朝书 / 摄

青稞饺子

甘孜特色藏餐

来到甘孜州，品尝一顿正宗的藏餐，也是旅途中不可或缺的。有别于其他藏族聚居区，甘孜州的藏餐有自己的特色。

丹巴香猪腿。丹巴香猪腿是丹巴县的特色美食，拥有 500 多年的民间加工历史，是当地人节日招待宾朋的美食。它以当地放养的藏香猪为原材料，经过霜冻、柏枝熏、风干后储存一冬，肉质干爽、结实。成品外观呈红褐色，肉面光滑油润。食用时煮成半熟或用炭火将表皮烘烤，切成小块或撕成粉丝状。香猪腿肉香浓郁，隔着老远还能闻到香味，吃起来咸香可口，肉质紧实富有嚼劲，回味悠长。

甘孜水淘糌粑。甘孜水淘糌粑是甘孜州的特色小吃之一。产自甘孜县，以选料上乘、加工精细而著称。较其他地方的糌粑，甘孜水淘糌粑多了水淘工艺，使其拥有独特的香味和口感，成了别具一格的特色美食。它选用当地优质的青稞和雪山冰雪融水为原料，经过清杂、洗净、淘洗、发酵、炒制等多道工序，精心制作而成。水淘糌粑口感香美可口，色泽均匀，具有独特的炒面滋味和清醇发酵香气。现代营养学检测揭示，甘孜水淘糌粑的能量密度远超普通小麦粉，完美适配高原低压缺氧环境下的代谢需求。牧民远行时，一块酥油糌粑可提供约 6 小时徒步所需热量。2021 年，“甘孜水淘糌粑制作技艺”被列入四川省级非遗名录。

道孚花馍馍。道孚花馍馍，又被称为“藏式月饼”，是川西高原民族文化交融的活态见证。2019 年，道孚花馍馍制作技艺被列入四川省非遗名录。据清光绪时期地方文牍记载，自 19 世

青稞馒头

纪起，道孚县鲜水镇、协德乡的藏族居民受汉文化影响，在中秋节他们会做花馍馍。花馍馍，就是用面粉做成的一种夹心并模印图案的薄饼。制作花馍馍时，一定要用新打出的本地面粉（寓意喜庆丰收），不加发酵的老面（主要防止馍馍以及馍馍上的图案变形），只加少许苏打以水揉面即可。馅儿是由藏族特有的食品酥油、糌粑、奶渣等拌上红糖或白糖做成。先将面揉成巴掌大的面坨，把调好的馅儿包在面坨内，压平，做成圆形，并在花馍馍的最中心粘一小片青绿的萝卜叶，然后用雕有各种图案的印版印上图案，用手将花馍馍的边勒成各种花边，并点上红点，最后将成型的花馍馍置于平锅底在火上炕熟即可。炕好后的花馍馍外形呈圆形，象征圆月，“圆月”里有玉兔等吉祥图案，有象征喜庆吉祥的红点，有象征春天的绿，颜色鲜艳味道甜美，叫人垂涎。花馍馍做好后不能立即食用，要先选两个最大最好的来敬月亮，敬菩萨，敬好月亮、菩萨后，中秋这天才能吃。此外，还要伴以水果等物赠送邻里、亲朋。道孚花馍馍，全国独一份，是民族团结的象征。

除以上美食外，甘孜州还有理塘风干牦牛肉、康定熏牛肉、酸奶、奶渣等传统美食。随时代发展，这片土地上的人们在传承中，不断创新美食。到康定，到甘孜州，找一家藏餐吧，可以品尝甘孜人民的传统手艺，也可以尝到现代年轻人的创新。不过，点藏餐，不要多点。因为，这里的人们都会将藏餐做得分量足足。

CHAPTER 17

甘孜州的富饶物产

俄色花开

甘孜州的高原食物体系以独特的生态禀赋为特色，全州共有16个地理标志农产品，如得荣树椒、泸定樱桃、炉霍雪域俄色茶、甘孜青稞等。甘孜州海拔3800米以上区域种植的“极地青稞”，其β-葡聚糖含量较平原品种高出30%，支撑着糌粑、青稞酒等藏族主食、酒类体系。高原菌类资源冠绝全国，雅江松茸年采集量占全球松茸贸易量的16%，理塘虎掌菌经欧盟有机认证，出口量连年居首。畜牧业衍生出白玉阿察风干牦牛肉、石渠酸奶等非遗食品。

金沙江第一湾处得荣树椒

位于金沙江第一湾处的得荣树椒，也称“树海椒”，是得荣县特产，也是国家地理标志产品。

辣椒，人们习以为常。然而，长在“树”上的辣椒，却少见。得荣树椒，因树干木质化而形成小树，故而得名。得荣县位于金沙江下游，独特的地理位置和气候条件使这里成为树椒产区。经过千年基因变化及长期栽培选育，得荣树椒成为该县一种原始辣椒品种。

树椒一般在3月开花结果，7月陆续成熟，可持续采摘到12月。如果想采摘嫩的青椒，可在4月。

和其他地方一年生辣椒不同，得荣树椒可以露地越冬，经冬不死。每年春季又可发新芽开花结果，有些椒树寿命可达上百年。树椒植株高可达数米，叶片披针形，果实短角形，顶端稍尖，成熟后果实金黄鲜亮。其椒果肉薄，辣味浓，富含维生素C、维生素E、钙、硒、核黄素，可开胃健脾，保健和医药价值很高，曾入藏药。

石渠皇室金蘑菇

石渠金蘑菇，是天然野生食用菌，除了顶面，通体橙黄，故而得名“金蘑菇”。石渠金蘑菇属伞菌目。每年6月底至8月，长在雅砻江源头流域海拔4200多米的草地上，生长期一般为25天左右。它出土后，帽圆直径长到3厘米时，才撑开“伞”。伞

菌子上街

顶表面洁白，其余通体橙黄，伞柱内部为白色丝状。

石渠金蘑菇，色鲜、味美，细嫩、爽口，多用来接待上宾或馈赠亲友。

石渠金蘑菇颇负盛名。据说清朝末年，四川总督赵尔丰曾把石渠金蘑菇作为贡品献给慈禧太后并受到奖赏，故石渠金蘑菇又有“皇室蘑菇”之称。1986 年，班禅大师来到石渠，称石渠金蘑菇为“菌中之王”。

水果之王泸定红樱桃

泸定红樱桃历史悠久，县内至今尚存数棵古树，被当地老百姓视为神树并加以保护。据史料记载，文成公主进藏时，品尝了泸定红樱桃，赞不绝口，并带走了红樱桃等果品。

自清光绪年间开始人工培植以来，泸定红樱桃栽培范围和规模不断扩大，遍布泸定河谷、平坝、高山、半高山地区，全县 12 个乡镇的田边地角、农家庭院、村头路边皆种有红樱桃树。

泸定红樱桃的与众不同，和泸定县特有的气候、海拔和土壤条件息息相关。日照时间长，昼夜温差大，光合作用充分，有效物质积累高，使泸定红樱桃形成了色泽鲜艳、甘甜可口、汁多味美且营养丰富的品质特点。

2010 年，泸定县被中国果蔬产业品牌论坛组委会评为“中国红樱桃之乡”。2011 年，“泸定红樱桃”成功申报为“中国农产品地理标志”。

泸定红樱桃

大渡河谷的"仙桃"

"仙桃"，即"仙人掌果"，是仙人掌的果实，甘孜州特产之一。仙人掌生长在干旱少水、条件恶劣的高海拔或沙漠地区。仙人掌原产于南美、北非和中东的干旱地区，中国的云南、四川、贵州、广东、广西、福建等地也有分布。在甘孜州，泸定县和康定市沿大渡河谷栽种有上万亩仙人掌。夏天快要远去时，仙人掌上的果实就成熟了。成熟的仙人掌果，浑身是尖利的小刺，不能直接用手剥。

当"仙桃"成熟时，人们会把"仙桃"背到康定的集市上售

仙人掌上的“仙桃”

卖，根据仙人掌果子的大小，价格为 1 ~ 2 元一个。每个摊位前都放着一盆清水，那是剥仙人掌果用的。摊主用夹子夹着仙人掌果，先在盆里小心翼翼地清洗仙人掌果，然后再剥皮。剥皮很有技巧，先用刀切去头尾，再由头至尾划上一刀，用手抓住切口用力外翻，果实就出来了。仙人掌果里有很多小籽，咬不动也千万不要吐，籽可以帮助消化，不用细嚼直接大口吃下去。仙人掌果入口微甜，有着淡淡的清香，是高原上的又一美味。

如今，大渡河谷的“仙桃”已走出州门。因为它富含维生素 C 和其他抗氧化剂，有美容养颜以及延缓衰老的作用，还可促进肠胃蠕动，增强消化功能，能预防便秘和肠道疾病等，大夏天还有消暑祛火毒的作用，让人们远离燥热、上火。酷热的天气里，吃一颗从冰箱里拿出的“仙桃”，比冰激凌更有益于身体健康。

雪域高原金叶子：俄色茶

甘孜州的雪域高原生长着一种独特稀有的树种——俄色树（藏语“俄色”意为“光芒”），学名为变叶海棠，主要分布在海拔 2800 ~ 3800 米的山地灌丛中。其嫩芽叶制成的茶称为俄色茶，因产区海拔高而被誉为“离太阳最近的茶”。

俄色茶的饮用历史可追溯至明代。其制作与藏族传统饮食文化密切相关，在川西高原地区被用作膳食补充饮品。现代研究表明，俄色茶含黄酮、多糖等活性成分，具有降血糖、降血脂等功效。在甘孜州炉霍县，现存野生变叶海棠古树群落，部分植株树龄逾 500 年。

传统工艺制作的俄色茶呈自然卷曲状，茶汤清澈透亮，入口微苦回甘，带有独特的海棠花香，耐冲泡。在 20 世纪 60 年代以前，因野生资源有限，该茶主要作为宗教仪式和上层社会的礼仪用茶。2010 年后，炉霍县建成变叶海棠人工种植基地，俄色茶实现规模化生产，成为人人都能品尝到的高原茶。

后记

要在数万字内将甘孜州的精彩全部呈现是艰难的，甚至可以说是不可能的。

2023 年，笔者接手了中国民族文化出版社命题的《带一本书去甘孜》的写作任务。接手后，笔者即思索，该如何将甘孜州的美，在有限的字数内充分展示出来？为此，笔者查阅前辈所写的作品，并向前辈请教，该写哪些内容。

“纸上得来终觉浅，绝知此事要躬行。”尽管有前辈的指点和作品可以参考，但，缺少了真切的感受，文字终究难以生动。尤其，近年来，甘孜州旅游大发展，不少地方都发生了变化。而笔者虽然在报社工作，却不是专职旅游记者。因此，对不少景点，其实是陌生的。为了让文字真实、生动，2023年秋季、冬季，笔者抓紧时间去了康定的塔公草原、荷花海国家森林公园、木格措风景区等地方。笔者忘不了，从塔公草原返回时，遇到大雪，汽车小心翼翼地在公路上前行；从荷花海返回时，饥肠辘辘，夜半归家。2024 年 6 月，为补充色龙村照片，冯光福老师和笔者，又在雨季冒着可能飞石的危险前往拍照。此外，本书的最终形成，前后经历了七次改稿。每次改稿，都是一次身心的挑战。所以，读者朋友们看到的数万字的背后，是不可计量的辛苦付出。

尽管辛劳，但笔者觉得是值得的，因为，甘孜州的美景，太多。这片土地理应在今天成为人们放松心灵的地方，所以，作为甘孜人，我们有责任和义务，让这片土地被更多人知晓。

本书的最终完成，得益于团体的力量。甘孜州文旅局、康定市文旅局、德格县文旅局、多绕嘎目生态文化旅游产业园区、四川向上文旅等单位对本书给予了大力支持，老友冯光福、胡廷辉、高秀清等自不必说。在完成本书的过程中，笔者深深感受到了这里的人们对家乡的热爱以及人与人之间的友爱。所以，朋友们，到康定来吧，到甘孜州来吧，这里人们的热情善良，不会辜负您！

这里，酥油茶已打好，哈达已捧出，等您来！

笔者

2025 年 5 月

图书在版编目（CIP）数据

带一本书去甘孜 / 王朝书著 . -- 北京 : 中国民族文化出版社有限公司 , 2025. 7. -- (中国这么美的 30 个自治州). -- ISBN 978-7-5122-2021-8

Ⅰ . K928.971.2

中国国家版本馆 CIP 数据核字第 2025N6F796 号

带一本书去甘孜
Dai Yi Ben Shu Qu Ganzi

总 策 划 刘彦明
执行策划 赵 天
作　　者 王朝书
摄　　影 冯光福
责任编辑 钟晓云
排　　版 王韦韦
责任校对 杨 仙
出 版 者 中国民族文化出版社 地址：北京市东城区和平里北街 14 号
邮编：100013 联系电话：010-84250639 64211754（传真）
印　　刷 鸿博昊天科技有限公司
开　　本 710mm × 1000mm 1/16
印　　张 16.5
字　　数 190 千字
版　　次 2025 年 8 月第 1 版
印　　次 2025 年 8 月第 1 次印刷
标准书号 ISBN 978-7-5122-2021-8
定　　价 78.00 元